文化進站

文化公民的 12 堂課

鍾宜樺 策劃・採訪

推介 李永然　胡志強

主講 王志弘　王秋絨　李俊賢　余舜德　林正儀　林熺俊
　　　夏學理　陳大為　陳儒修　黃明月　楊子葆　廖志堅

李 序

　　近年來國際間對於文化權的保障與落實，可謂不遺餘力。即以國際法對於文化權的揭示來說，除了可上溯至1948年《世界人權宣言》、1966年《國際經濟、社會、暨文化權規約》以及2001年《世界文化多樣性宣言》的相關規定以外，2005年10月聯合國教科文組織更通過了《保護和促進文化表現形式多樣性公約》，而這個公約除了重申對於文化權的保障外，還特別強調文化是認同、社會凝聚力、以及知識經濟的基礎，並希望能透過國際合作，讓現有的文化多樣性能獲得保存，並進一步能推動文化的創造力。也就是說，保障並促進多元文化間的對話，它非但不是衝突的來源，反而是和平的最佳保障。

　　誠然，文化權是普世人權的一部分，不可切割。而文化多樣性對於人類的重要性正有如生物多樣性之於自然；文化多樣性是人類的共同資產，更是人們取得知識、感情、以及精神滿足感的重要途徑。而為了確保文化多樣性，政府就必須充分保障人民有言論的自由、促進媒體多元、並且提供公平的藝術表達及傳播文化的方式。而余自接任中國人權協會理事長以來，即不斷與各界先進賢達共同致力於文化權意識之普及深化，並且多次舉辦座談會呼籲政府應體認多元的媒體文化適為普世的核心價值，亦正是本於斯旨。

　　鍾宜樺小姐所策劃採訪之專輯：《文化進站──文化公民的12堂課》，聚焦於文化關注，從落實終身學習、藝術人權識讀、公民美學教育、發現文化地景、全民都市書寫、城市特色行銷等六個單元切入主題，所追求的是競逐紙醉金迷後酣暢浮誇的自身沉潛，從人文藝術的角度，反思身為世界公民在政治經濟名利場之

i

外的文化定位，與近年來政府輔導擘畫、民間藝文工作者的文化
耕耘，以及坊間出版界的品味觸角延伸相互對應，此種兼具國際
視野與草根溯源的美學覺醒與人文關懷，正是當今社會邁向成熟
化與自信化的表徵。

　　由於鍾宜樺小姐才思敏慧，於公餘致力協助本會人權會訊編
輯委員會相關專案之推動，欣聞所大作即將付梓發表，特藉本序
表達其對本會的協助，並樂為其作序向各界推介。

　　　　　　　　　　　　　　　　　人權協會理事長

　　　　　　　　　　　　　　　　　　　　　　　律師

　　　　　　　　　　　　　　　　序於2005年11月12日

胡 序

愛上文化關心美。

不知從何時開始,「文化創意」與「公民美學」在台灣突然成為一個時尚的名詞,並且步入學術講堂與公共論壇,儼然成為一門新興的顯學。我覺得這是一個好現象,從這兒可以看出,台灣社會已逐漸邁向一個較為成熟的階段,文化藝術之美等精神心靈層面的需求不再是菁英的專利,而已成為普羅大眾的共同認知。

到底什麼是公民美學?什麼是文化意識?我想拿最近的幾個實際發生在台中市的小故事作一說明:

今年年初,台中一家優質建設公司主動向文化局表示,願意支持辦理文化活動,結果與文化局合作從春節到暑假辦理了七個月的活動,內容自交響樂、傳統民俗表演、台灣歌謠節、說唱藝術、戲劇到嘻哈街舞無所不包,在原本被認為沒落老舊的舊市區引動風潮,每個週末都有上千人的觀賞人次,引起文化界的熱烈討論。

我在參與一次戶外交響樂演出後,許多民眾前來致意表示欣賞這樣的演出,其中好幾位是第二市場小吃攤位的老闆,當時我感到既驚奇又開心,因為歷來一直認為交響樂的觀眾偏向中產階級的專業人士,沒有想到其實音樂的感染力早已超越年齡、族群、產業、教育等表象的分野,我認為這就是公民美學的具體表現。

同樣的,今年暑假台中市八個行政區同時在週末推出「消遙音樂町」;十月底舉辦每年一度盛大的爵士音樂節,幾乎每一場都有許多家庭攜老扶幼而來,當我看到台中特有的翡翠綠園道舞台

前的椅子上坐著年輕的媽媽和小小孩，還有人推著輪椅上的長者來聽爵士樂，心中真是充滿了感動，在我看來，這就是公民美學的實踐。

就在前幾天，二〇〇五年十二月十四號的晚上，世界三大男高音之首帕華洛帝在台中舉辦他的亞洲最後一站的告別演唱會，當天寒風細雨，然而場內二萬餘位觀眾不但high 到最高點並且次序井然，氣氛歡樂而優雅，台上台下一片祥和，終場結束後現場幾乎沒有留下任何垃圾！對我而言，這才是公民美學的身體力行。

十二月十四號晚上的觀眾當中，我還碰到一位比我年紀還略長的朋友，節目進行時，他一直很認真地在看節目單，中場我用台語問他：「大哥，聽得如何？」他很客氣地說：「聽不太懂，好像並沒有完全照節目單曲目走。」然後他又加了一句令我大吃一驚的話：「我曾經去史卡拉歌劇院聽過歌劇，為了去史卡拉還去補習歌劇半年！」台中市民對音樂的熱情和文化的付出再一次讓我驚艷，也讓我對台灣這塊土地的未來充滿信心。

憧憬著我們共同的文化願景，規劃著一場又一場文學、視覺藝術、音樂、舞蹈、戲劇的饗宴，看到越來越多的人參與活動、提出建議、品味生活之美，我深深地感受到現代人對於精神心靈糧食的渴求，並且確實體認到營造一個由點而線、由線而面的全方位優質生活環境的重要與迫切性。也就是說，今天我們必須思考的議題不應再是紛紛擾擾的政治或選舉，而是如何由政界、學界、媒體和公共論壇來共構出扎實的文化政策與終身學習教育體制，讓我們能夠不斷向上提昇，真正達到「安和樂利」的理想社會。

因此，當我看到由鍾宜樺小姐執筆採訪整理許多國內精英學者而完成的這本《文化進站——文化公民的12堂課》專書時，真有一種「吾道不孤」的感動，以及理想不遠的興奮。鍾小姐從人權的基本需求面切入，讓每一位受訪的專家學者由其專精領域來觀察評論今天台灣所面臨的種種課題，其中包括公民社會、公民美學、社會教育與終身學習、城市風貌與都會書寫、公共藝術與生活藝術、文化產業與城鄉再造、情色與藝術的分野等等，都是近年來被高度關切、經常討論卻罕見有系統的分析或論述的公共議題。鍾小姐以提問方式請專家在學術與實務面深入淺出地探討這些嚴肅議題，一方面讓讀者輕鬆理解台灣近年來的社會進步與不足之處，另一方面也藉此澄清許多似是而非、人云亦云的迷思。在這兒深深期待每一位前瞻、國際的現代公民，一起來研讀這門必修課，共創文化新視野。

台中市政府

胡志強

序於2005年12月25日

目 錄

第一單元
落實終身學習

提 綱

1、受教權是屬於人權的重要議題之一，那什麼是社會教育？近來社會教育的重要議題有那些？

2、我們在相關文獻中時常可以看到「社會教育」、「回流教育」、「成人教育」、「成人繼續教育」、「終身學習」等，看似一致？或相關？它們之間的關係為何？

3、就台灣現今的社會教育而言，仍亟待補實的領域或機制有哪些？

4、全球化與社區化對於社會教育與終身學習是否有影響？具體的影響是什麼？

5、「社會教育機構」可能的範疇是什麼？除了一般大家所熟知的例如各地的文化中心、圖書館及博物館等之外，是否還有廣義的、抑或是嶄新而重要的「社會教育機構」？

6、目前台北捷運提供所屬的廣場與租借藝文廊場地給公眾舉辦活動，活動內容則是以舉辦各項文化、社教推廣、政令宣導與公益為主。且從 90 年 6 月捷運公司與師大共同舉辦「藝術捷運」系列活動，乃至今（94）年 7 月 8 日於新店站廣場舉辦「新店市 94 年暑期社區巡迴音樂藝術嘉年華」等，一直以來均有舉辦結合藝術與社教推廣的相關活動，所以例如像捷運這樣的場域經營是否可算是社會教育推展的一種型態？捷運是否算是、或者能成為是實施成人教育的場域之一？捷運要如何更具成效地去推動成人教育呢？

專訪　國立臺灣師範大學社會教育學系
黃明月教授

一、受教權係屬於人權的重要議題之一，請教您什麼是社會教育？請您談談近來社會教育的重要議題有那些？

「社會教育」的定義很廣，有時候我們會說「所有的教育」都可稱為「社會教育」。因為家庭也是社會的一部份、學校也是社會的一部份，所以最寬鬆模糊的概念就是所有的教育都是社會教育，所以它是屬於終身的，從懷胎的胎兒教育，也是社會教育的一部份，因為我們現在講的親子教育就是從懷胎開始做教育。所以為什麼我們現在用的是終身學習法Life-long，就是就人的生而言是終生教育，就地點來講是處處可以教育。

所以社會教育是什麼？有人說學校正規教育之外，就是從國小、國中等，每個階段都有正規教育，我們把它分為學校正規教育之外的一切教育都是社會教育。因為它的地點就是無所不在，處處都是社會教育，那怎麼講呢？如果我光從學校本身來講，學校本身的正規教育之外也是社會教育，就是從國小補校，從失學民眾為重點，現在失學民眾慢慢減少，都是以外籍配偶取代之，當年都是老人家比較多，然後老人家老去了，現在社會教育程度普遍提高了，而我們的人口結構因素改變了，而外籍配偶就成為補校的重要族群之一。現在有很多基金會也在辦社會教育，像賽珍珠基金會，或很多社區發展協會也都在辦外籍配偶的教育，它是以社區為概念去辦的。所以，社會教育就是說，我們以學校這塊來講，學校正規教育之外就是社會教育；從社教機構就是學校之外的話，就是所有的補習班，它是由教育部社教司管轄，補習

班也是社會教育機構，還有所有的博物館、美術館、動物園、圖書館、育樂中心，像動物園是屬於生態博物館，其實博物館可以分為很多類型，可分為歷史類、美術類、生態類，所以植物園也是博物館，所以博物館是社教機構，還有比較大眾的像圖書館，如我們全國有國家圖書館到縣（市）圖書館到鄉鎮（市）圖書館還有分館，像這些都是社會教育機構。另外，我們還有相當多的民間團體像基金會都會辦很多活動，像婦女新知基金會有辦理法律、婦女家暴等課程。（問：所以說是不是社會教育不侷限於有沒有給畢業證書或者是一張證照，只要是有教育的功能，就可以稱為是社會教育的一種？）

　　對！其實我們可以從人的主體性來看人權，社會教育算是人權教育，但是我們喜歡說學習Learning，學習就是說你的自主性，你的自主性就是你是主動的，不只是人家給你一套課程去教你，就社會教育的觀點來講就是你主動去參與活動本身，甚至你在規劃中也會學習，所以我們會把社會教育的這種學習擴張成為說，他的主動性、參與性、他在社區裡，譬如說在醫院裡的義工也是主動參與；社區的義工有很多像是環保媽媽、還有巡視社區安全的巡守隊；還有很多宗教團體像慈濟功德會；有很多慈善團體、非營利組織的團體，這些人其實都是在這些主動參與的過程中學習，也就可以稱為學習性組織。

　　而學習性組織也是一種社會教育的概念，因為他其實是透過peer group就是這個團體的同儕者互相切磋，從合作當中，從為了要完成一個project當中，去作一個學習，那你為了要完成一個工作就要主動去找資料、去討論呀。所以現在為什麼有很多On line Learning，從網路搜尋資料或從網路獲得的資訊也是一種學習，然後再把這些資訊帶回這個團體作資訊分享，所以從正式的、正

規的課程到我們現在講說非正式的，從正規、非正規到非正式都
是一個社會教育。所以我們說On line Learning它就是一個基礎，
它提供一個網路授權、提供一個空間，它也是一個學習的機會，
所以社會教育機構的定義其實是很廣的，它無所不在；是可以透
過各種方式去學習的。

二、像捷運是否也是社會教育機構？

捷運有它的主功能，主功能是交通運輸社會服務的機構，所
謂社會服務的本身譬如說像衛生所，會幫你打針但是它有很多衛
教課，像老人高血壓要你不要吃太油太鹹，本來它只是一個服務
性的機構，但是我們講社會教育其實是提昇你的生活品質，提昇
你的生活品質就會有很多種方式，只要它可能有很多意圖去做一
些設計，這些設計可能使使用者很清楚或很不清楚有這些「潛在
課程」存在。有些事情是我們很清楚例如我們要去上英文課，就
很清楚地知道我們要學習什麼，有些東西像是捷運畫廊就是自我
學習，我今天在這邊欣賞畫，我可能有一些畫的背景知識基礎，
看了這些畫之後很可能可以提昇自我的心靈層次、提昇鑑賞能
力，那也是一種自我學習。當然這個學習我們會期待說要比較有
效率或是有品質、有方法，因為像我們這種藝術素養不是很好的，
如果他們能夠提供一些可銜接的資訊，比如說作一個導覽、展示
說明那就更好了。

所以說為什麼我們會把博物館稱是一個社教機構。博物館早
期可能只是典藏、展示等等，但慢慢地它覺得民眾可以從此去學
習得知祖先的文化、過去時代脈絡的意義，所以後來我們就很重
視導覽、展示說明、人的導覽及很多大看板出來，那我想捷運是
一樣的，它的畫本身除了作為美化空間、美化心靈之外，其實很

多人可以得知例如原來莫內的畫是如何？它的時代為什麼會有這樣的轉變？那其實它就是一種學習，所以它本身不是社教機構，但是它賦有社會教育的功能。

（問：所以現在的捷運可能還不算是社教機構，那捷運在未來要怎麼做呢？）呃……捷運目前它的主功能是以交通運輸為營運的宗旨，而像是學校的宗旨很清楚就是為了要教育，但捷運公司本來不是為了教育宗旨，可是未來是可以走向社會教育機構，因為它是很廣的！所以為什麼日本的捷運公司它們就成立有「交通博物館」，展出內容可以包括捷運的發展史以及捷運的使用方式等等，它是一個科技的教育，從交通工具的發展去看我們人類科技的進步。像日本的捷運公司JR就在東京成立了博物館，甚至會談到捷運的發展，會談到因為環保的要求所以環保與捷運有什麼樣的關係；還有捷運它的材質、它對人類生活的影響……等等。

當然剛剛講的畫廊那塊是它額外的啦！畫廊是在等待的時候的一種「境教」，捷運站本身的畫廊是讓你在等待的過程當中，環境的美學教育。上一次我有看到一個很不錯的，他們捷運的名稱我很喜歡叫作People Mover，而且每一個站都是很棒的美術館，那除了它（捷運）是提供了一個「境教」，以及提昇民眾的藝術素養之外，如果它能有一些簡單的導覽或是印一些簡單的小小解說冊，而且不定期的換一些展示，我覺得這對民眾是一個很好的社會教育。其實捷運站或車站它是具有社會教育的機制或是功能的，或者說它（捷運）可以扮演社會教育的角色，在這裡面會有很多需要思索應該要怎麼行銷，譬如說我們看台北市的木柵動物園在捷運站做廣告行銷，當然廣告行銷不是單純地只做我有什麼Program，而是例如將無尾熊的生命史一整套搬到捷運站裡，就可做一個生態教育。

所以，我覺得捷運可以扮演很好的社會教育角色，可以發揮社會教育的功能，譬如說我們可以把很多……不管是空間美學或者用公共藝術去提昇民眾的藝術涵養；而除了這個方式之外，其實有些資訊、譬如說大的看板，就像現在有很多廣告，只是我把廣告置換成公益廣告，我可能說掛一張照片，譬如說我在美國的捷運站，就看過它掛了一個大看板是有個少女很年輕就懷孕就墮胎，那它會利用這個看板，一個是有警誡作用，一個是妳如果碰到這個情形，就不要恐慌然後妳該做什麼事情，這就是一種生命教育和宣導在那個地方呀；或是對於孤獨老人可能畫一群老人在車站那個地方，用這樣去談敬老尊賢、對老人的尊重，所以我認為捷運本身它那樣的空間其實可以扮演這樣潛移默化的功能，我們稱為「潛在課程」。

三、請談談您對以下這些專有名詞的理解：

◎潛在課程與社會教育

所謂潛在課程就是說：其實社會教育最好是用潛在課程，如果比較白話的講，事實上本來我們最希望媒體能夠扮演社會教育的角色。我們常說媒體呀……有很多人會很反對所謂「置入式行銷」，那當然是有另一些緣由的；但是我們現在講說如何提昇社會良善風俗，我們可以用置入式行銷嘛。譬如說，大家很多都有在看「親戚不計較」那樣的節目，如果我們去介紹外籍配偶的一些文化，然後利用這些文化……我們現在常常在說外籍配偶受欺負，或者說彼此不夠了解，或者是因為文化的差異性產生了衝突，那我們可用這樣的節目用很溫馨、很幽默的手法，但是從戲劇上來看其實是個主題，而從社會教育上來說你是有主動去建構支持的，這樣看你有沒有反思嘛，而且它是深入每個家庭的，更何況

社會教育最主要強調的就是你在這個知識的建構過程當中你透過反思，經過反思你才能夠有所覺醒與理解。

所以社會教育機構很難作界定，當然我們可以把它下個狹隘的界定，但是它的確有這個部分……有些目的可能不讓民眾知道。它有些目的、有一些內容、有一些方法是去提昇民眾的，不管是知識還是情感的，那如果有這樣的一個機制的話，我們通通可以稱它是一個「社會教育」。所以說前一陣子有一個電視台（八大電視台）來訪問我，問我：媒體究竟是不是可以扮演「社會教育」機構？我說也可以。我不是幫「大長今」作廣告，但是「大長今」把他們的文化、把他們的倫理、人倫之間、把很多醫學、生命教育、生活教育甚至健康教育通通擺在裡面，很順、把它鋪陳得很好，很吸引人、讓很多人看，讓很多人感動，可能改變很多人的想法，其實這樣的方式是滿好的，可以借用它這種潛在的機制，也不一定要硬梆梆的嘛，我想這就是社會教育。

◎回流教育與成人繼續教育

我想如果想要從人權的觀點——受教權來談，就是有教無類嘛，你今天為什麼會有「回流教育」，為什麼會有「成人繼續教育」，像回流教育其實它最主要的目的就是讓那些要去工作，因為我們每一個人的際遇會有些不太一樣，因為家裡怎麼樣、或是考試失誤及沒有考好，在過去那個時代，可能沒有那麼多的大學的時候，他就先去工作，因此「回流教育」最主要的目的就是說，它的目的並不是鼓勵所謂的搭直達車教育，就是從幼稚園一路唸到博士，它鼓勵的就是說理論與實務的結合，那它重視的是實務界的知識，回流教育就是在於接軌，實務界與理論界的接軌，然後理論界真的可以幫助你實務，而實務的經驗也可以幫助你去做理論的檢證，所以「回流教育」就是在鼓勵這些已經在工作的人，然

後讓他們有機會回流。

　　而因為我們一般人都用考試的嘛，但是回流教育它比較強調的就是說，重視他工作的經驗，所以為什麼我們現在有很多叫作推甄或者考試方式是透過申請、面試、資料審查，那其實是在看，從這些資料看你過去的經驗，就是說你實務的部份嘛，過去的經驗其實是你很好的部份，我們跟你interview，然後利用這樣的方式，也給予人家一個公平的機會，因為他已經離開學校那麼多年，不可能跟著一般學生在背什麼國英數，但是因為他在職場上，其實這對於他將來的學習，對他的同儕，對於他的老師，可能都很有很有幫助，所以我想像回流教育這樣的機制，在我們鼓勵終身學習的現今，它其實是一個滿好的構想。而台灣在「在職進修教育」的這塊，目前還做得不錯。

◎社會教育與成人教育

　　其實目前用「社會教育」大概是像日本、台灣、印度，像早期德國有用社會教育這樣的名詞。而像大部份的國家尤其是西方國家，他們都是用成人教育。而我們的社會教育與他們的會有點差異，因為每個國家真的不一樣，像是有的國家就用義務教育之後就是成人，有的國家就用法律年齡去看成人，有的用生理年齡去看成人，其實「成人」本身，每一個國家對於它的界定不太一樣，我們如果從教育體系來看的話，會比較傾向於義務教育之後的那個部份，可以算是成人教育。

　　那成人繼續教育呢？成人教育是比較廣泛的，都包括在內，而成人繼續教育它比較強調的是所謂「繼續」，就是義務教育之後的教育通通叫作成人繼續教育，就是說像我們九年國教的話，之後的教育，尤其是你達到法定年齡二十歲的話，之後的教育都可稱為成人繼續教育，但是這些概念都比較屬於國外來的啦，我們

在國內早期多只叫社會教育，那其實是到了民國72、3年左右，那時候因為我們政府有一些在國外學成人教育的留學生回來，是他們把這個概念帶回台灣的。

◎成人教育與終身學習

　　成人教育就是在1980年代從歐美的概念學習來的，尤其是美國學者比較多啦。一直到了將近2000年大約就是1998年左右，由於整個歐洲、及聯合國教科文組織的推動，我們也跟著推動終身學習，所以在民國91年我們訂了終身學習法，終身學習法主要是強調：我們假設正規學校的教育，所謂正規學校包括到大學，都是正規教育，就是包括從聯考到研究所博士班。而正規學校之外的所有的教育體系，我們通通可以把它稱為是終身教育這一塊，那為什麼要終身學習，它其實強調的就是人的主動性、自主性、參與性。那繼續教育也是國外的用法，繼續教育就是continue education，它其實強調就是，你的義務教育之後的那個，通通都叫做是繼續教育，那終身學習，它強調就是不同年代的一種思潮，它強調的就是lifelong就是全人跟終身的一個學習的概念，大致上就是這樣。

◎全球化與社區化（成人教育議題）

　　我想其實全球化大家認為應該是經濟的層面影響比較大，當然前幾年是有如火如荼的在談「全球化」這樣的議題，那時教育部也有作這樣的反應：全球化之後有On line Learning 或者E-Learning，國外的Package不是可以透過E-Learning賣到台灣來嗎？那台灣的教育，它有很多教育體系可以透過像是很多跨國學校（姐妹校），那就有很多人擔心說因為全球化會受到很多的衝擊。但是至少到目前看來，它的影響是沒有想像中的嚴重。不過

它的影響是會讓大家認為：語言是很重要的。因為全球化後，當我們On line之後，不管是英語還是現在慢慢成長中的中文，全球化其實是強調你的知識技能要不斷地更新，全球化最重要的就是用科技，比如說像是E-Learning，就是因科技的進步它才可以跨國；又比如說使用網路來跨國做跨國公司經營，做各種經濟的e-commercial、e-commerce等等。

除此之外，就教育本身受到的衝擊來說可能還不是很深，可是你會發現開始有「全民英檢」、全民學英語呀，這些都是在我們教育部白皮書裡面很重要的部份，這就是全球化對我們成人教育的影響之一。

那社區化呢？社區化與全球化兩者是相輔相成的，就是全球化之後，開始擔心會有文化霸權，就是人家所說的在地全球化、全球在地化，就是你不是去擔心會被全球化給淹沒，而是你要如何在全球後仍能夠保有你的社區文化。因此，開始思索如何發揮我們社區的特色，比如像是社區總體營造、文化創意產業等等，那你要文化創意產業、社區總體營造，這些東西都要透過一些學習的機制，所以不是那麼硬去講「教育」，因為「教育」可能要整體系統的機制去推動，那我們用學習、用社區化的學習，讓社區的組織去運作起來，所以現在講說文史工作室以及社區發展協會，比如說像台北縣三峽的藍染啦，其實有很多都是文化產業。但是在文化產業過程當中你要把文化產品弄得更好，它就要經過學習，像是藍染就是要會染色呀、繪圖啊，或是編織等等，那我覺得這是個學習機制，其實很多婦女、很多成人在這個裡面，透過這樣的需求我去做學習。

專訪　國立臺灣師範大學社會教育學系
　　　王秋絨教授

一、請教您什麼是社會教育？

　　社會教育，隨著整個社會變遷，它的意義也隨著改變。過去，社會教育是比較談在學校之外的教育；可是現在可不能這樣看了，因為現在的社會教育觀念是由教育層面轉向個人學習的層面來強調的。大概從二十世紀五零年代、六零年代左右，先進國家積極倡議教育改革之後，所有教育的重點，隨著資訊、數位的經濟發展，出現了重視個人學習能力之培養的教育改革。這種改革思想與資本主義的發展有很密切的關係，教育既然被視為個人學習的一種活動，而此活動可以使個人從各方面都比較不好的發展狀況，進入到比較好的狀況。因之所謂的社會教育，可以說是終身教育的一小階段，是指個人在基本教育之後的繼續學習活動，就英國的概念來說，就是Further Education。依聯合國的教育報告書的觀念是指終身學習的後半段。換句話說在終身學習受到重視的學習社會，終身學習是指個人從開始有生命，也就是從被懷孕開始一直到死亡，終生都是處在學習的一種狀況裡的過程。所以我們會有一種口號叫「整個社會教育化」。也就是全民都要終身學習。

　　依此從現在的觀點來看，所謂社會教育就是指：你隨時隨地應用任何的媒體都在進行學習的情形。所以這個時候教育就不一定是制度化裡面的有系統的、有結構的學習活動，可能是還包括「非正式的學習」在內。而所謂的「非正式的學習」就是你在日常生活中的偶發學習，譬如說：你進入了我的研究室，看到研究室是有一點點的凌亂，你可能就開始想：嗯！這凌亂是怎麼造成

的？如果我是這辦公室的主人，我應該如何使它變得整齊，這也是一種學習呀，對不對？這種利用日常生活經驗做有意義的反省所產生的進步，稱為偶發的學習。

另外還有一種稱為「非正規的學習」，是指學習者在學習之後不會得到正規的學位授予，比如說：我們聽一場演講，我們是不可能拿到任何文憑的；又比如說像目前的社區大學，所提供的學習方案，也是沒有提供任何學位的，諸如此類都是屬於「非正規的教育」。那當然還有「正規的教育」囉：也就是說你一旦參與正規的教育活動，就可拿到文憑，這個文憑是整個社會都承認的，如空中大學就是屬於這一類所謂「正規的教育」。因之，所謂的「社會教育」在意義上或是在類型上，是隨著社會的變遷而會有很大的改變地。

當前社會教育，原則上比較強調以「成人為主的教育」為核心，但這並不是說小孩子就不是社會教育的一個對象，小孩子也可能成為終身社會教育的對象之一。凡是學校很難教、或是不能教的，也可能是社會教育的範圍之一，所以事實上社會教育的對象就變成是全民的。

二、請您說明近年來在社會教育領域重要的議題有那些？

誠如前面所說的，當社會教育屬於是全民的時候，有一些的議題就變得很重要。譬如說，那些是屬於全民呢？就是個人的一個成長，還有個人如何使自己更進步。像是今天會比昨天更好，或是下一刻會比現在更好。像這樣的東西就屬於社會教育裡重要意義之所在，也就是說在全民教育裡頭，普遍地都非常重要的，是要使全民學習如何應用各種媒體，隨時自我引導學習，也就是說學習（如何學習？）是一個很重要的議題。為什麼會這樣講呢？

因為我們生在一個訊息變化的社會，知識的衰退期會隨著資訊的發達而變得非常的短，也就是說知識的發明是很快速的，今天存在的理論可能明天就改變掉了。那社會科學當然沒有自然科學改變得那麼快，但是畢竟它跟過去比起來還是有較快速的變化。因為資訊很發達，人就容易接受撞擊，然後你就會發現很多東西改變得很快，等於傳輸的媒介跟過去不同啦，因為以前是平面的嘛，傳輸會受到時間空間的阻隔，現在是進入無時空的狀態，時空都壓縮在一起，所以你會發現學習的媒介的改變，造成了我們的學習議題不再是探討那些學習的內容，而是學習用那些方法，用什麼方法獲得哪些內容，那才是最重要的，這是一個。

　　第二個我想就是你要擁有資訊的能力，成人你要有資訊的能力，你要應用資訊你才能獲得很新很快速的訊息，我們幾乎說你不懂得資訊，就會變成一個資訊盲。過去可能只有文盲的問題，現在可能你不懂得運用電腦的技術，不知道重要的網路在那裡，你就變成是個資訊盲。然後第三個就是說，為什麼資訊那麼重要，前面我有提到教育已經轉到個人的學習。那你個人應用那些媒介學習就變得很重要，所以這個時候就發展出一種學習的型態，所謂的resource在learning，資源為主的一種學習，資源在那裡呢？通常在媒體裡面，所以你如何應用資源去學習，然後如何去自學，這個可能是一個很重要的議題。

　　再來就是在我們的社會裡頭，我們過去的社會是比較屬於統一的、不是那麼個性化的，可是你會發現隨著大都會、隨著民主化、隨著資訊的發達，所以從過去比較權威主義，到現在變得比較民主；然後從比較統一的變得比較符合個性化、個人的學習，所以如何去滿足每一個人他特定的需要的一個學習就會變得很重要。所以社會教育的方法或媒介的更新，都是很重要的議題。

　　還有就是我們過去的文化、談文化的變遷造成整個社會教育議題的改變，過去的文化可能是比較權威的，可能是比較農業社會的，那當我們進步到工業、再到後工業，我們就可能發現整個文化也會變得比較多元，不是完全是一元的。然後所有價值也常常是個別性的，你會發現每個人穿著也會非常個性化，它雖然會有流行的問題，就是有一致化的東西，但是多數你還是會發現個性化的趨勢還是愈來愈明顯，所以當整個文化產生改變之後，我們會注重多元文化下的每個不同文化背景的人，他們學習的議題是什麼。比如說過去我們很少去注重原住民，原住民可能只是一個統一的名詞、就是一類，但是現在我們會去注重「不同族」的原住民與「同一族」的原住民中的每一個個體，他們的需求是什麼？所以，整個教育的議題會去注重每一個不同文化下的一個個各別的需求，這個關於多元文化的議題，就變得是非常重要的。

　　而我們也有一些「新移民」，譬如說：大陸配偶、外籍配偶等等。當然所謂的多元文化還包括，不同宗教下的一個價值觀念，或者是生活習性、生活型態等等。這些都是社會教育需要重新去反省及考慮的問題，綜歸起來有一個很重要的東西就是要學習如何去尊重他們的立場，他們的文化，在這裡就會有一個多元文化下的價值觀的相互學習、與相互包容，這樣的東西可能要出現。過去我們只是宗教可能有別、性別可能有別，我們沒有什麼種族有別的部份。我們現在已經開始有了，你看外籍配偶很多，可能也有一些國外的新郎，可能會產生可不可以留在我們這邊成為我們的公民的問題，可能美國、英國甚至伊朗，很多做生意的，或像是阿拉伯，還有一些中東國家的人作鑽石生意，像伊朗可能是做魚子醬的生意，印度那大家就更熟悉了，有很多是作衣服及寶石、銀飾等等生意的，事實上這種情形過去都已存在，但是現在

更為明顯。然後，我們還有東南亞新娘的問題，所謂新移民的現象就越來越多，所以這是一個議題。

然後還有一個議題的轉變就是，我們過去是比較強調全民裡頭有些「多數」是我們要教育的對象。譬如說，全民需要那些個別的學習的內容，那你會強調majority多數的人要學習那些內容，可是現在可能比較強調minority少數的人要學習那些的內容，這我們要重視它。所以現在在議題上，是少數族群發生的重要問題，變成是社會教育裡一個重要的核心。也就是說，以前可能是非常邊陲，你都可能不太去重視，但是現在你從教育部社教司這幾年的計劃裡，你就可以看出來議題的轉變。例如大概早期就是強調五大minority，現在譬如說低收入戶婦女、原住民的婦女、單親家庭、受虐婦女都是屬於非常社會邊緣的，都是社教司輔助的重點，或是老人啦，這種弱勢族群，那現在這一波，我預測啦，可能在台灣耕耘個十年左右，可能又會盪回去先進國家，又把社會教育中心議題盪回majority。那多數的族群需要些什麼？譬如說多數族群像你這樣剛進入社會的人、像加拿大開始注意多數的青少年他們的生涯規劃問題，因為他們發現很多青少年很迷惘，對自己的生涯不曉得接下去要做些什麼？那他們可能會很注重個人的需要，另外還是會受到社會情境的影響，像是失業率很高啦、個人無所適從等等，那生涯的諮商及輔導等等可能就會變成是一個社會教育很重要的重點。

另外，因為從個人主義之後再到後工業的時期，使我們已經開始深刻感受到人際之間實在非常的疏離，導致我們大眾的心理健康出現很多問題，譬如說現在有很多憂鬱症的患者，而憂鬱症已是全世界三大流行病之一，而事實上這個問題也是可以用教育來預防的，譬如說就有這樣的議題是：如何幫助個人建立一個「精

神原鄉」。因為在以前我們的精神原鄉是等同於故鄉，故鄉裡頭最親近的親人或者朋友、小時候的玩伴，都是在我們人生最困苦的時候的大支柱。但是因為現在我們所處的都是大都會，很多人都會往都市移動，都會離開他的家鄉，所以我們要建立的就是「精神動力」，而這個動力來源在那裡？這可能就是社會教育裡一個很重要的議題。換句話說，就是在工業化後社會人際關係非常疏離的現在，如何去幫助建立人的一個精神的重要支持資源。

而這資源過去是靠親密的朋友，現在是要靠什麼呢？這就是所謂的以大眾心理健康為關切核心的教育。因為如果我們要回到兒時的親密關係，在我們現在的工作環境尤其是在大都會裡頭，是非常不容易的。所以你會發現現在人的休閒會非常的感官，人就會非常的空虛，所以我們會到KTV、MTV，甚至會有很多奇奇怪怪的……例如是汽車旅館，因為如果單就旅遊業來講，我想台灣應該不需要那麼三步五步就有一間汽車旅館，而且都非常豪華，那個都是因為感官主義，因為有很多人都是車子開進去去享受非常密閉的性方面的滿足，所以我覺得這是代表一個人的人際關係的親密程度，一個人的精神需求事實上是處在一個疏離及空虛的情況，這其實是一個社會發展到某種程度的一個問題，而我覺得社會教育應該去預防這個東西。就是當你如果無法去建立這個close的關係的時候，你用什麼可以替代，或者讓你自己是很充實的。

而我們學教育的常常就會說：學習！所以就談終身學習，問題是學些什麼會讓你有充實的感覺呢？這是很重要的，可能不只是知識的學習，可能是所謂的心靈的教育，或者是所謂的EQ的教育，或者是靈性的學習，這就會變成是一個很重要的議題，也就是個人身心靈之間的一個互動平衡，即是一個教育的議題。尤其

譬如說利用感官、重新利用情緒，作為一個學習的資源，這個部份我覺得是一個重要的議題。所以你會發現有一些職場工作者會到例如澳洲啦，去找一個全部沒有電力系統的地方，回到最原始的狀態，把自己生活變得非常單純化，回到原始然後去觸摸自己的感覺，然後了解自己跟社會的關係是什麼？跟環境的關係是什麼？然後去修身養性，事實上這也是靈性教育的一種。也就是說我拋開這些我熟悉的環境，拋開我的專業，我回到最原原本本的人（自己），我的靈性要怎麼去耕耘，我用體驗學習的方式，去經營我的心靈，或者去作什麼宗教活動啦……等等。當然這個方法或者過程、媒介，對每一個人來講可能都不一樣，但是無論如何社會教育一定要去注重spiritual education 這個字。

三、我們在相關文獻中時常可以看到「社會教育」、「回流教育」、「成人教育」、「成人繼續教育」、「終身學習」等，看似一致？或相關？請您說明它們之間的關係為何？

應該這樣講，它們都有相關，至於那一個最廣義呢？最有包含性的應該講「社會教育」與「終身學習」。過去是談教育，為什麼談教育？教育的內容就是老師優於學生的這樣的觀念稱作教育。教育本身就是教學者去教內容，這內容可能包括各方面的能力啦，或者各方面的技能；教學者去教在各方面的知識都不如我的人，這樣子的觀念。所以我們常說教育是教導的觀念，而這是比較屬於過去我們所談的，大概是在十九到二十世紀，大概三零年代到四零年代都是這樣認為，教育是要去用制度化的方式去做最有效，也就是要制度化的、有專責的機構、有專業的人員去做，所以會用教育這個名詞。那到了我剛才講的二十世紀，大概六零年代之後，整個教育先進國家開始改革以後，他們覺得也受到資本主義的影響啦，他們

覺得說這種上對下的關係，就好像教育者是比較優勢的，被教者是比較弱勢的，這樣子一個上下位的觀念，也不是很合適，所以就開始談學習，這在教育上的意義就是，你一個人從比較不好的狀態變得比較好，那你一定要接受專家的指導嗎？不一定呀，他可能透過媒介或任何的東西他自己就改變了，那學習就變得是比較彈性、比較多元的開放性的一種看法，所以學習的主體就是放在學習者本身的感應上，比較不是我們所說的教育就是教師、或者說行政單位，他們用專業的方式，制度化的方式去改變一個人，從這樣一個比較不好的型態去改變一個人。

當然這是general的說，非常精細的去分，有些人的教育觀念、例如也有一些學者就是採引導的，把你內在的潛能導引出來。像柏拉圖的教育觀念就是這樣的，亦或者是過去一些禮記的教育觀念就是「由內而發」，而外在的那種啟發的教育方式，就比較像是終身學習的觀念。而即便如此，「社會教育」和「終身學習」還是有一點點不一樣，那就是其實終身學習在時間上是比較長的。可是社會教育在早期則認為是兩端的，就是反正學童與學生之外的兩極，就是社會教育。以前是因為幼稚教育不發達，所以以前上幼稚園的那些孩子，跟已經離開最後一階段學校教育的那些人，就被稱作社會教育的對象。所以它事實上不是全民的，但終身學習的對象卻是全民的。總之，終身學習的重點是比較尊重學習者個人的需求，然後你去改，讓你每一天比每一天都更有進步，隨時都有成長進步；而社會教育則是比較談「上對下」的一個觀念，但是它有一個overleap，就是我剛剛談到的，它事實上是比較強調學校教育之外的教育，稱作社會教育，但是終身學習它也包括學校階段，因為是終身嘛！

那「回流教育」呢？事實上只是所謂職業教育的一個觀念，

就是說如果你受教育到某個階段突然輟學，或者是只念到比如說國中，你就出去工作了，當你工作完覺得所學不夠，你再回來接受職業教育，稱作「回流教育」。所以回流教育的內容重心是以職業訓練為主的，那通常是你離開學校某一段時間之後，你發現所學不夠，或你很想再重新接受教育，那你就再回到學校的系統，所以稱作「回流教育」。（問：那回流教育的對象是單指國中畢業這樣子的人或者是大學畢業後，再回來繼續就學的人呢？）即使大學畢業出去工作後，再回來也是稱作回流教育，只是它主要的內容是針對職業的需要。所以，大學畢業回來念研究所在職專班，那也是回流教育，譬如說我電腦能力不好，雖然我已經畢業了，但是我需要電腦的知能，我就去唸一個電腦碩士專班，這個都稱作回流教育。就是你已經出社會了，但是你發現職業上的需要使得你覺得所學不夠，那你就再回到學校教育的系統，來接受教育，不過這通常是接受「非正規」或者「正規」的教育。回流教育並不指「非正式」的學習。

　　而「成人教育」呢？這個就比較可以和「成人繼續教育」來作一個相關性的說明了，通常成人教育的概念是包含成人繼續教育的。成人繼續教育是成人教育裡的一類，我們通常稱作Adult Continue Education，是指成人在接受完國民義務教育出了社會以後，因生活及工作的需要，然後你就想要繼續回到成教機構接受相關教育，而由於高於原來的基本教育階段，故在英國稱為「進階教育」（Further Eduation）或繼續教育。因之有些學者認為「成人教育」就等於「成人繼續教育」，這也就是有一些學者會主張兩者其實是相同的觀念。準此，因為國別、個別學者的關係，有些人會把它等同，而對有些人則是有所區別的。至於有作區別的，區別在那裡呢？以英國為例，是以中學之後的所有教育，都稱作

「成人繼續教育」。可是成人教育不僅包括中學之後的教育，它可能還包括幼稚園以下的其他的教育，所以這種講法，就出現了不同的另一種看法。而有些學者則是認為成人繼續教育是指專業繼續教育，這樣它就更狹隘了，它是指專業的人員因專業工作需要而接受的進一步的教育，比如說我們有IBM的進修班，很多董事長就回去接受那些教育，這也是回流教育的一種，只是它非常地專業。所以，如果把成人繼續教育解釋成「成人專業繼續教育」，那它當然只是成人教育的一個類，如此兩者的概念就不一樣。

至於什麼是終身學習呢？終身學習大概是1970年代以來，世界各先進國家教育改革的重要理念，也就是所謂的life long learning；他們已經不再談life-long education。至於life long learning事實上是1968年，R.M. Hutchins等學者所提出來的概念，到大概1970年代左右，也就是大概等於二十世紀的末葉，已經是非常重要的一個教育改革觀念。那為什麼要做這樣的改變呢？或者提出這樣子的一個新觀念，當然是受到資本主義、個人主義及資訊化的影響；當整個世界都民主化、資本化以後個人主義盛行，尤其在先進國家，有些大都會呈現很明顯的「後現代」徵兆，「個人」被當作是一個很重要的教育的對象，教育反而不再像以前強調是以「全體」統一，推行教導的方式來推動。在過去我們常談到所謂的「公民教育」，那就指公民被當作一個整體，所需要接受的普遍化之公民基本能力之教育；可是現在我們開始認為學習要符合個性化，符合學習者個別的需求，所以我們只談以個人為主的學習，而學習會比較有照顧到學習者的個別學習差異，而不像以前有事先被認定的共同教育內涵，也就是「適性學習」的實施。

從「成人教育」演變成「成人學習」的概念轉化，主要是因為二十世紀末葉之後，大概多數的共產國家幾乎多變為民主國家

了，除了極少數像中國大陸這樣很特殊的國家之外，大多成為民主國家，在民主社會中經濟自由，資本主義社會逐漸形成，於是這些新民主化的國家，隨著部份的市場機制，教育單位或經濟體系，都是以「個體」作為最主要的單位，不像以前我們都是以general的群體為推動教育或經濟活動的對象。譬如說我們談女性，早期女性主義，我們談女性的集體爭權，那是爭什麼權？剛開始是爭工作權與投票權，也就是等於公民權，可是後來發現女性並不是一個整體都一樣的族群，你不能把她們當作完全一樣的人看待，而是女性裡頭有很多個別差異，所以女性主義就開始談個別的差異。而到了開始進入所謂「後現代」的觀念，個人的個別需要就比以前更重要。因之終身學習可說是隨著整個社會發展階段之變遷，在先進國家所提出的概念，它是與工業發展，現代化社會及後現代發展息息相關的教育理念。

總之，這些概念（專有名詞）之間是有一些關係，不過它們之間的關係，常隨著不同時期，各國社會文化發展之差異，以及每一個學者，對教育看法的不同，所以在不同的場合，或者是不同的社會發展階段，其運用的概念也隨之有別。像社會教育其實世界上有用「社會教育」的，大概只有法國、德國、日本、台灣，其他國家都稱作「成人教育」，沒有人稱作「社會教育」。

（問：社會教育與成人教育的概念是否等同，在各國的意見既是分歧的，那在台灣的見解是如何呢？）嗯……那就要看學者的專業觀念了。台灣有些學者，大部份會借用國外的觀念，並沒有本土性的特別定義。所以我想很多學者會認為兩者是不同的觀念。例如有些成人教育學者就認為成人教育包括了文盲教育，也就是所謂的基本教育，至於成人繼續教育則是指一個人已經完成最基本的教育之後再接受的教育，由此可知，如果把社會教育解

釋成學校之外的教育,顯然它包含了基本教育與繼續教育,這與前述有些學者的觀點,認為成人教育是成人繼續教育,就有了若干的差異。所以就英國來講,成人繼續教育是指你完成中等教育之後的教育,他們中等教育好像是15歲還是16歲,就等於我們的國中的基本教育,所以大概它不會去考慮到文盲也是對象。當然,因為我們成教界有很多本來不是學成教的:是轉行的,那可能在概念的釐清上,對整個概念來源,都不是很了解,就不會把它區分得很清楚,可能產生混用的現象。而事實上,這些名詞都是來自國外,都不是本土的,而我們用社會教育是因為我們採用日本的用法,日本則是沿用法國跟德國的觀念。因為日本的翻譯事業非常發達,所以就直接從法、德翻譯過來的,而慣用「社會教育」來指涉美國常用的「成人教育」。

四、就台灣現今的社會教育而言,仍亟待補實的領域或機制為何?

我想我們現在的社會教育不可諱言的,無論在資源上或者專業化程度上,都遠遠不如學校教育。現在最需要的是專業化機制的建立,而專業化機制要怎麼建立呢?第一個要內涵上有幾個重點,譬如說有哪幾個重點領域,來共同構成社會教育的範圍,也就是它的專業內涵要比較確定一點,那才容易專業化。第二個是人的專業化,所謂人的專業化就是說,我們相對於學校教育的老師、學校教育的教育工作者,他們應該接受專業的訓練有專業的證照考試,那才會被承認為專業人員。可是社會教育一直沒有證照制度,是其無法被大眾認可為專業的主因之一。

社會教育宜隨社會變遷發展獨特內涵:社會教育比學校教育彈性化、多元化,因之,宜就此性質,隨著社會變遷發展出較獨

特的內涵，比如說，資訊化或J.Baudrillard 所謂的「擬像社會」中，社會教育宜因應「學習實在」的變化，發展出resource-based learning。在這種學習環境中，傳統社會教育所需要的教師，將被網路自學環境衝擊，而變成需要的是學習方案設計者。專業的方案設計者也要有一個認證制度的訓練系統，讓它完全專業化。我想這是很重要的，因為一個專業機制要建立，專業重要的核心領域也要建立，比如說社會教育，或是成人教育，或者我們用終身學習、成人學習，你問十個成人教育學者，可能有一些少數核心領域是一致的，但是大部分是歧異的。所以我有個專案，但是還沒有寫成報告案，就是在研究我們應該透過專業學者去深度思考，目前我們社會教育的重要議題那些應該是優先的，那些應該是擺在核心的，然後變成大家專業共同的consensus。因為我們還沒有專業化，所以一定要有大家對話所形成的共識，也就是大家認為重要的一些內涵，這是專業化非有不可的要件。沒有這些內涵，就很難談社會教育或成人教育的專業化。換句話說先要有一個社群的共識內涵出來，我們才可能朝這個方向去努力，然後才可能發展出專業方法，培育具專業證照的人才，也才能走專業化的路線。

因為社會教育、成人教育的工作者，其實社群很小，我們大概了不起不會超過五十個研究者，這與學校教育學程，全國差不多有兩三千位教授比起來，其差異實在太大了。因之，在相對非常少，又發展未臻成熟的成教社群，如果五十個人的看法差異性太大的話，根本上就是把力量分散掉，而在專業核心領域完全沒有什麼共識的基礎之下，專業的人力資源就不會集中，這樣就不可能把哪個領域做得非常地精緻，不可能精緻就不可能深化，不可能深化就不可能專業化，這是很清楚的。然後再加上我們整個

國家在教育領域一向是比較重視學校教育，行有餘力、有餘錢，然後才去做社會教育。然而在概念上社會教育有多重要呢？從媒體報章雜誌上來看，大家都覺得很重要，可是事實上呢？在經費上所佔比例實在太少，而專業人的專業培育證照制度也還沒有建立。所以，幾乎人人都可以做社會教育，譬如說就大眾演講而言，只要口才好，可誘惑大眾注意力的人都可以去講：只要有市場就可以去講。所以，就沒有特別去注意專業品質，所以我常開一個玩笑：二十年前的演講與二十年後的演講，事實上題目是一樣的，可見二十年前的社會與二十年後的社會好像沒有什麼進步。可是，你會說社會有變遷有進步呀！但為什麼會出現只有台上的講者不一樣，而主題卻還是一樣的現象呢？這是怎麼回事？

可見我們在成效上沒有去扣住聽眾聽的需要，並要求學習成效。而是常使聽眾聽完當場覺得很舒服，今天過得很愉快，可是回頭再去問他，講者是什麼名字？他也忘了，至於是什麼題目則還大略知道。在講什麼內容？這要看筆記。再問聽講者這場演講好不好玩？生不生動？都說生動！可是，最後能夠內化在自己內心，並產生改變的東西，事實上是交給筆記的，交給當場的情境的，他也許當場很有感受，然而事後很快忘記聽講內容，並沒有長久的效用。我的意思是說，這不只是講者的一個專業品質的問題，可能也是專業人員宜去省思我們的大眾學習機制要如何去改變；讓學習者學到「如何學習」，這點是非常重要的。學習者要把偶發的甚至是稍微有規劃的一些學習資源，透過好的學習方法與過程很有系統的去內化在自己身上，然後變成非常豐富的結構性知識，如此學習者可以透過反省，自己去滾更深的東西，而不是一直停留在同一個層次的表面學習。

以人際關係這個主題來說，如何有效地溝通的講題，不斷地

重複，可見我們的社會，在學習上其實是非常沒有效率，不夠專業化，沒有良好的機制去讓學習者幾次就學會一個主題，不是永遠繞著同一個主題兜圈圈。社會教育總是比學校教育更市場化，有市場就會變成一種流行，它不是一種有深度的東西。所以以前成教界在開會的時候會開玩笑地說：現在不學習就落伍了。「你不懂得進教室，也要懂得看電視，不懂得……」因之，可以發現，學習有時候對某些人來說，只是一種流行，因為趕流行，大家一旦知道很多人都在學，自己也就去學，常常沒有很深度地去思考，我為什麼要學？我要如何規劃自己的學習時間、內容、步調，所以我常覺得有一個機制要建立，我們不只要訓練社會教育老師，也要以專業的證照去認定並保證他的專業，以提高教育的專業品質！此外，我們在網路的學習環境下，更要因應學習環境的變化，積極培養協助網路自學者，診斷其自學能力與困難之處，並引導其運用合適的學習資源，評量自學成效之「學習諮詢人員」（Learning consultant）。

因為目前我們社會存在很多個性化的工作室；隨著個人主義盛行，新生代不慣被管理，動不動就想自立開一家店，當個老闆有充分的自由。這族群白天晚上都在上班，他們沒有時間學習，可是這是個知識衰退迅速的年代，如果他們不終身學習要怎麼辦呢？我想只好把資源送到家囉！但是並不是說像以前一樣弄一個巡迴車，載一些書讓他們方便借閱就好了，而是要有經過專業教育的人員，去幫助他們，診斷他們在專業上需要什麼？然後告訴他們有那些資源是他們可以自己去運用的，而運用完後如何作自我評鑑？所以像這種因應後現代社會來臨，產生更多個性化工作的人，不一定能去參加群體式的學習。那我們就得讓這些人有能力且有機會依其個別需要而學，我們就應該培育一種專業人員叫

learning consultant成人學習的諮詢者，就是專門幫他們作學習需求的診斷，學會自行應用哪些資源，做有效的學習，並在學習之後，如何進行評鑑，當評鑑達到某個程度，你就可以去銜接另外什麼樣的學習方案，總之，就是要有專人來指導個別學習者。所以我們政府應該要有這樣子的一個眼光和願景，擬定培育「學習諮詢人員」之政策與方案，大量培育這種人才，如果這點可以做到的話，我相信整個社會教育品質會提昇很多。

五、全球化與社區化對於社會教育與終身學習是否有影響？具體的影響為何？

　　這當然是有影響的，社區化其性質是強調地方性，在地化的文化發展；而全球化就是從地球是一個地球村的方式，討論教育與文化的發展。這樣看起來，兩個好像非常矛盾。這有如我如果在嘉義朴子市或者是北投的某一個社區，跟在英國的某一個社區，以及在德國的某一個社區，從事教育文化活動一定是不一樣地嘛！可是這樣強調會不會受到全球趨勢的影響？當然會。因為現在媒介這麼發達，我們即使沒有親眼看到親自體驗，也可以透過媒體看到他們是怎麼做的。因而就會產生互相影響的現象。

　　然而，當我們談地方化或全球化時，並沒有辦法絕對截然劃分二者的概念。為什麼這麼講呢？因為我們知道，一個人縱使為了符合社區的特殊性需要，但是畢竟他還是在全球大環境裡頭接受影響，所以沒有一個社區可以絕對封閉，而具有在地化這樣子的東西存在，也沒有絕對性全球化的東西存在。所以我們現在新的名詞大概就是所謂的「全球在地化」或是「全球地方化」，這種的觀點又是什麼意思呢？這是說你要符合教育的推動或學習理念，先要以社區的個別需要為主，但是要站在全球的視野來看這

個東西，換句話說，你不能故步自封，但你也不能抽離完全不顧自己社區的特性，人家怎麼做你就跟著怎麼做，然後就在全球化的大轉爐裡跟著轉，沒有目的地就只是跟著別人轉，我想這是不可能地。所以我們現在比較重要的就是，一方面要了解全球化趨勢，另一方面，同時也一定要先了解我們自己。

這話講起來很簡單，但是真要落實並不容易。我舉個例子，大概就容易說清楚：如我們的教育白皮書，事實上是抄聯合國的教育白皮書，因為那個「四大支柱」完全是他們的觀念，但很遺憾的是教育白皮書的to be竟被會翻釋「學會發展」，「學會發展」好像意謂著每個人只是發展自己。事實上，它原來的意思是說，你在發展的過程當中，要去學習發現自己的存在本身是怎麼一回事，所以，它是指一個人在發展過程當中，學會（理解）「人之所以為人」的意義所在。但要學會人是一個在發展過程中的意義主體，先要循序漸進，先從自己生活週遭學習開展自己的意義，再擴大到生活中的社區、國家或國際層次。準此，在地化與全球化並非二分斷裂的概念，而是逐漸認同學習的不同層次。

更仔細思考，我們都知道台灣是一個島國，其文化就不像大陸國家那樣地穩定，很容易受到外來的影響。如果我們很淺薄地去擷取人家表面的文化現象，沒有很深入地去擷取他們的神髓，然後把它落實到最符合我們的地方特性的教育活動或教育內涵上，或甚至是落實在推動的方法上面。那可能產生「橘逾淮為枳」的現象。所以關於教育的理念、教育的推動方法，我們都還滿需要去落實「全球在地化」的，這對我們的教育可能是比較好的。而若教育做得好，我想我們的社會就會比較好。事實上你會發現我們台灣有一種一窩蜂主義，農作物也一窩蜂、趕流行也一窩蜂，然後流行掃過去就像大颱風刮過以後，當時很痛苦，過一陣子又

了無痕跡,又回復原狀。我總覺得我們最喜歡學先進國家,可是先進國家有先進國家發展的社會條件,擁有的條件是不一樣的。所以我們實在是很需要很需要「全球在地化」這樣子的觀念,那全球在地化的第一個條件就是你一定要非常了解自己,然後你也要非常接納自己。第二個就是你對全球化的每一個先進國家、或是落後地區或者是介於先進國家與落後地區的中間的國家,你都要非常非常的了解。

從而,我們一定要作比較教育,可是我們國內的比較教育通常作得不夠深入、不夠好。就以成人教育來講,能夠開成人比較教育的老師事實上很少,你至少要懂原典,那你一到要具備相當的語言能力,可是我們通常又不是很了解當地的語言,好比說你如果要我去了解印度,那它是用英文的所以還沒什麼問題!事實上成人教育名詞的創始是在美國也沒錯,可是你如果想要去了解像南斯拉夫這樣的國家,例如當有一位來自南斯拉夫的留學生,他告訴他的老師說我們南斯拉夫正在流行對文盲作一些教育,而這就是我們稱作成人教育的嘛。所以如果你想要了解這類成人教育的源頭,那你可能就要去了解南斯拉夫的背景。像我以前一直就很想去南斯拉夫,但是南斯拉夫不是內戰頻繁嗎?所以我就不敢去呀!所以你看我不能了解南斯拉夫的語言,我就不能很充份的了解它的根源是什麼?真正的意義何在?

像很多人都不太了解我們為什麼用「社會教育」,事實上是來自日本的翻譯嘛!他們翻譯事業很發達,他們翻譯了德國跟法文的語言,所以我們的成人教育就稱作社會教育,事實上是一樣的。可是有人把它解釋說,因為社會教育也包括以前幼兒教育因為還沒有出現,所以包括幼兒教育及我們最後的受教階段(因為每個人最後的受教階段可能是不一樣的)之後的成人,通通都稱作社

會教育。所以只要你是看到早期從大陸移來台灣的社會教育學者，那他們的解釋一定會是學童之外的兩端對象，都是指社會教育的範圍。可是事實上人家先進國家德國跟法國不是這樣用的。而在美國、英國，及在歐洲有些國家則都稱作是成人教育。

六、請教您「社會教育機構」可能的範疇是什麼？除了一般大家所熟知的例如各地的文化中心、圖書館及博物館等之外，能否請您談談廣義的、抑或是嶄新而重要的「社會教育機構」？

　　如果說我們談社會教育最新概念的改變，所以是指終身學習嘛，那任何機構都可以是社會教育的機構。只是我們要把它類別化，然後要推動的時候就是要先談那些機構是一個社會教育推動的主要負責機構，那一些是輔助的、那一些則是再次要的（其它的）這樣子。所以應該是把他分類之後，指出那些是主要的機構，那些是輔助的機構。譬如說，家庭也是社會教育機構，只是只能幫助你偶發學習，它不是在有計劃的學習裡頭，你不管父母是怎麼樣有計劃的，都教不了自己的孩子，所以我們常常講：要易子而教。因為他不可能是制度化的東西，可是你說家庭是不是社會教育機構？是呀！你看我們任何社會教育的書都說是，但是這個絕對不是主要的機構。主要的機構可能是圖書館，因為由於資訊教育的發達，它結合了最好的resource全部放在圖書館，或者甚至是學校，學校發展很多program那麼可以作為一個社會教育的推動教育，就以中正大學來講，他們有非常好的英文自學系統，因為要應付全民英檢。所以只要你進入他們的英文系統，大概大學生可以學，一般成人英文不好也可以有一種續接上的學習，只要有人learning counsel他該從哪個地方開始學起，應該有什麼樣的

resource或者要再到哪裡找resource，然後，他就可以自學，所以
我覺得社會教育的主要負責機構，應該是圖書館與學校。

再來還有博物館，為什麼這樣講呢？我們常常講現在的人精
神很貧乏，就是隨著整個社會變遷與整個社會發展的階段，已經
到了後工業的社會，所以人會變得很感官不是很理性，這是先進
國家普遍的現象，我們把它稱作「後現代」的現象。所以在「後
現代」時代的學習是會沒有辦法變得非常地結構化的，甚至變得
沒法坐在講堂上聽完一場或一系列的演講，甚至沒法去參加什麼
專班的，這時他就會選擇生活和學習合而為一。而要生活和學習
合而為一事實上就只有博物館，所以我們將來的博物館是要突破
傳統的博物館的觀念，我們可能會發現它展示的medium，它將不
只是空間的改變，而是處處是博物館。

我們有一陣子博物館是流行博物館社區化，不一定是在大都
會的殿堂，他可能是每一個小小的社區，就會有一個很精彩的博
物館，甚至博物館會商店化。就像在匈牙利布達佩斯附近有一個
小城，全部都是商店，但是它就像是一個小型的博物館，他們有
很多畫廊，而每一家商店的大小約略只有我的office的一半（按：
約2、3坪），可是他們的商品都是非常非常地精緻的藝術品或者是
工藝品，不是那種很粗俗化商品化的東西。事實上，博物館也會
商店化。你看有很多先進國家也是這樣，譬如說我在法國也有一
些櫥窗的東西很精緻化。所以我談到生活與學習一定要結合在一
起，從而博物館可能就非常的重要。

再例如每個國家的商店就不太一樣，像是法國就有很多的咖
啡館，而在我們這裡呢可能是速食店，還有常常講的夜市。夜市
有可能是一個博物館式的東西，我以前倡議過夜市變成一個學習
的場所，讓它商品變成是可以學習的東西，我曾經構想過要找以

前一個朋友，他一直跟我很熟悉，他也有一些新的idea，他算是一個實務工作者，因為我們作學術的平常時間很忙，但是我常有idea就是沒有找到可以合作的人，所以我可能是一個非常好的programmer，可是就是沒有推動者去做。

　　我覺得我們多有逛夜市的習慣，從販夫走卒到收入很高或很低的，很多人通通都喜歡逛夜市，我們對夜市這個地方是有特別嗜好的，所以我們就可以應用這個特徵讓逛夜市同時也可以進行學習。譬如說，他隨便賣一個商品，在裡面加入一些學習的東西，比如說一個很便宜的五十塊的帽子，他就會告訴你這個帽子應該要怎樣子的搭配就會很漂亮。還有就像我們去買絲巾，他就會教你應該怎麼打結飾呀？在這裡面就有一些是蓄意的，或者是有一點點有計劃的學習活動產生。然後我們也可以在這些商品之外，在夜市擺一些真的是有規劃的學習活動，就是你把教育的場所移到夜市，因為逛的人潮很多，而人本來就有好奇心嘛，你就用接近率的原理，就是把資源放在人最多的地方。

　　還有呀，或者假日的時候就把一些有規劃的學習活動擺到爬山的地方，你就可以讓他們學習。譬如說你在登山步道旁的涼亭，辦一些溝通的短劇，大家一定會來看，因為爬山的人會想要休息一下。而我們可能會把親子家人的溝通用很藝術的方式帶進去，讓人不會覺得是有意地在教訓他，可是他就透過一個很輕鬆的戲劇欣賞，然後就學會了。所以你就會發現，在人多的地方、人休閒的地方，可能就是未來很重要的社會教育機構。所以我倒不認為是要在傳統的演講講堂，文化中心、社會教育館等等地方辦什麼活動；我倒是覺得，很輕鬆的把一些有規劃的學習活動放在學習者常去的場所，很愛去的場所來作一個結合，這可能就是一個很好的方式。另外像我還曾經想過理髮店，人人都要去的美容院，還有大家常去的

場所健身房，反正是人多的地方，百貨公司、捷運、車站，反正人生活必去的地方，你就不經意的擺一些東西，讓學習者利用很快的時間去接觸（學習）這些東西，這是很重要的。

我認為將來社會教育的方法機制，其實是要淺薄化，就是很簡短，可是在很短的時間就可以學到非常棒的東西，可以立即有用，且跟學習者的生活作結合，是生活上需要的，然後你把它切成很小塊給他（學習者）吃。我們以前教育都是一大套，就是很大塊嘛，但是我覺得你要切很小塊，你要教成人How to learning？如何可以把它連起來就變成很大塊了。而這所謂「連」的動作並不是靠方案本身，而是靠學習者本身在各方面的心智的成熟程度；也就是說學習者把很多偶然學習到的都連起來，也把在生活上或之前刻意學的或在學校所學的或有系統的訓練的，全部聯合起來，然後就變成一個很有深度的東西，我們就是說把這種認知情意、靈性的東西都整合成為一種智慧。這就變成學習者的綜合性的生活智慧與職場上專業性的智慧，都透過了這種方式完全開發出來。我覺得這是很重要的。

所以將來社會教育機構，我並不覺得是侷限在傳統的這些，還有新的像非營利組織，當然現在已經可以看得出它的趨勢了。但是我看有些非營利組織，好像給人有綁標政府資源的感覺，我就覺得比較不合適。因為它是被信任的，所以政府動不動就採BOT這樣子給包出去，包出去給最能被信任的部門，那當然就是所謂的「基金會」，可是現在很多基金會不瞞大家說，很可能都是為了避稅，例如內部有很多重要的管理階層都是他們自己的人，所以最後受教的人就會有侷限性，就會比較是以他們自己公司行號的人為主，而並不像國外人家把錢捐出去以後，就真的脫離母體，真的是所有的對象，或者是符合基金會宗旨族群的對象，這個部

份我們應該去改變，所以非營利組織也是重要的方式之一。

　　總之，凡是與生活結合的場所，尤其是人多的地方，公眾生活上越必須去的地方，包括廁所，你都可以把它另類成一種學習的場所。像我們不是經常在廁所裡頭看到一些塗塗寫寫嗎？事實上很久以前在德國就有人研究廁所文學，或者塗鴉。其實你看幾米的作品，你就會發現有一些東西他是一種很細微的觀察，他在日常生活裡就有了，他只是把這些弄成是一種個人的靈心教育。我很喜歡他的作品，所以我覺得有一些不經意的東西，是可以變成很好的教育的。或者在網路上你會抓到一些東西，也會有一些學習溝通等等的材料，像這一類的東西我覺得就可以變得是很好的一種場所嘛。

　　所以它並不一定是完全要機構化的，我們可能會有一些另類的場所，比如我們常講的殯儀館，在那裡面除了辦喪禮以外，我們有沒有可能在殯儀館裡面作死亡教育？也是有可能啊，只要我們把環境稍微改變一下，例如可能我們會覺得在殯儀館裡會很哀傷，假設有個場所，就是人死了會去那裡，你除了哀傷以外還有什麼樣的表達方式？可能是懷念、悼念、尊敬等等，我們不曉得要用什麼媒體，讓人們去參加葬禮回來，可能就會對生命有不一樣的想法。我想這是可以設計的，這就是我所謂的成人學習理論中的情境學習，你在情境裡可以設計讓他學習。我一直認為殯儀館也可以開始改變，那廁所也可以變成是一種廁所文學心靈式的一種靈性教育，那是一個最好的場所，因為人在裸露的時候是最真實的，像在浴室時，不敢唱歌的人就開始唱歌，自信就來了，所以我們可不可利用大家在蹲廁的時候，在公共廁所裡面貼一些不用益智，卻可以很有趣的話讓他去學習去內化，這不是很好嗎？

七、目前台北捷運提供所屬的廣場與租借藝文廊場地給公眾舉辦活動，活動內容則是以舉辦各項文化、社教推廣、政令宣導與公益為主。且從90年6月捷運公司與師大共同舉辦「藝術捷運」系列活動，乃至今（94）年7月8日於新店站廣場舉辦「新店市94年暑期社區巡迴音樂藝術嘉年華」等，一直以來均有舉辦結合藝術與社教推廣的相關活動，所以想請教您：例如像捷運這樣的場域經營是否可算是社會教育推展的一種型態？捷運是否算是、或者能成為是實施成人教育的場域之一？捷運要如何更具成效地去推動成人教育呢？

其實你看嘛，捷運裡面好像有很多公共藝術，對不對？去規劃讓它變成偶發的學習，也可以變成有規劃的學習呀！比如我們來個捷運藝術的介紹之旅，規劃成一個活動，因為光是藝術品擺在那裡，很少人會去注意，因此人家可能會把它拿來當椅子坐，而很少會把它當藝術品來欣賞，即使你有三分鐘的時間，足夠去欣賞，但卻因為多數人缺少欣賞的習性或品味，使得那些近在咫尺的藝術品常沒有辦法讓大家去注意它們。事實上你會發現，不論是在公園裡的公共藝術，還是在哪裡的，經過的每一個人不是視而不見，就是只是覺得新奇而已，不一定會有什麼特別感受而駐足觀賞，更不要談會有移情的「心靈美感」了！可是感受是藝術欣賞的第一步嘛，如果一個人一點感覺都沒有，怎麼去談如何移情？如何受到它的影響呢？也就是說沒有了教育的功能。所以大眾藝術教育的功能，也可以從讓民眾養成一些習性開始，那我們可以做一些活動呀，先有欣賞之旅呀，可以免費從第幾站到第幾站，只要你參加這個活動，或是再規劃些可以鼓勵全家參與的

配套措施，例如有人就會為了省那40元，所以會來參加，然後，主辦單位就可以找像蔣勳、陸蓉芝等人，善用他們非常生動的方式把大眾引入公共藝術的美學設計之中。我們可能從這個地方開始，從這個地方讓成人有習慣去注意存在在他們周遭的藝術品，且願意學習隨時隨地欣賞公共藝術的能力，否則，行人與公共藝術品不來電，公家機構再如何打造比美先進國家藝術之都如巴黎、倫敦等地的公共藝術品，卻無人眷顧，這就只有徒費公幣罷了！何其悲哀啊！

像我覺得辦公的場所其實是最需要藝術化的，因為辦公的場所幾乎占了我們生命時間的大半部，因為中國人很愛工作，在有些大都會裡工作是忙得不得了，我很贊成像某個廣告公司在辦公室裡做一些獨特的設計。像我就看過袁金塔的藝術，他是把普克牌全部弄成政治人物展覽出來，意思是人生如賭！我就很想把政治人物變成是椅子，或許以前會覺得坐政治人物（領袖）造型的椅子很不禮貌，其實現在已沒什麼關係！如果家裡有這樣子的東西，你可能就會覺得有心靈美感內化的功能。人生就像一副牌對不對？有些人當上總統，有些人不是！當上總統又可能被坐在底下，這是美感欣賞所必要的心理距離，如此把這些東西放在家裡當成日常生活的用品，不是就可以成為偶發學習的作品嗎？

所以我剛剛為什麼會談到我常逛法國的櫥窗，第一是因為我在法國很無聊，第二是法國的櫥窗常常改變，而且非常具有藝術水準。光是櫥窗你就可以看到很多生活用品非常非常地藝術化，所以有一次我在法國跟陳郁秀通電話，我就跟她說：妳所謂的文化產業化是不是來自法國的觀念？因為她是留法的嘛，她在法國留學很久，我說法國的每一個櫥窗真的都是一個藝術！不只是商品，本身也是一個藝術，連擺置也是一種藝術，而且他們常常換，

35

兩三天就換。我本來是在巴黎，後來到了Loire河的Tours，在那個區域，其實商店都很小，但我每天卻一定喜孜孜地在飯後至少走個半小時，目的是去逛其實已關門的店家櫥窗。也許妳知道法國人的習慣，一到夜晚就是去咖啡館聊天，這是他們主要的生活型態。年輕人都去咖啡館跳舞交際去，因為我不是年輕人也沒有人約我去跳，所以我時常利用飯後時間去散步看櫥窗，那些櫥窗實在太美了百看不厭，同一系列的飾品可以有各種不同的變化，真是美不勝收，解了我許多鄉愁呢！

　　總之，我覺得不只捷運，一般公司行號或辦公場所，都可以變成生活場所裡的美感教育場所。這種不費吹噓之力的結合，使社會教育就孕含在日常生活中，所以我不認為它應該機構化，我認為它應該「去機構化」。就是只要你運用得好，任何地方都可以成為重要的社會教育機構。我倒不認為未來還需要成立專責的機構去推動社會教育，我們現在最重要的是，要有靈活的專業人，靈活地去運用任何的時間、空間，讓成人在無意間就獲得很精緻的學習。所以我強調的是要有專業人的認證制度，還要有專業的方案，然後去培育專責的人，去利用各種場所，把它做得非常精緻，然後人就在生活、休閒、任何的場所裡頭去學習，而不一定是在教育的機構或教育的場所裡，去發生有結構性的，有計劃性的學習。事實上，這些有計劃性的學習都可以移到生活，公眾最常去的地方或是非去不可的地方，甚至像剛才談到的廁所都可以有學習材料的佈置。我不是開玩笑的，是講真的！

　　像我常跟學生講，你要做成教不是像老師一樣常關在研究室裡，我是因為不得不要有研究的產出，才待在研究室的時間較長，因為這樣我才會有更深入的教學，而你們要學成教，要變成實務工作者，就是要到人最多的地方，人常去的地方去觀察他們，你

一定可以獲得一些很新的、而且非常多元的成人教育實務的做法與理念，我常講生老病死的地方，像醫院、遊樂場所、博物館、夜市、傳統市場，你會聽到那些阿公阿媽在對話，你就會知道在鄉下要怎麼推動社教。你不能在鄉下，還用著都市的語言，文謅謅的去推動，那一定完蛋，一定要用他們的語言。而如果要將社會教育往更精緻化與更專業化的方向去推動，且想要用很少的資源去發揮最大的效果，尤其在我們的學校教育改革都沒有很成功，社會教育還一直都是處在邊緣的狀況是不可能得到大筆經費的情形下，我覺得提升專業人的品質，大概是必要走的路。

　　我承認我在成教界是屬於比較調皮的，以前我有個教育劇，我們也有演出，所以我大概有融合比較多的媒介，一個不只是語言，更結合影像、行動的方式去做社會教育。像我在暨南大學成教所服務的時候，就曾想跟一家很有名的影像公司合作，因為像那種利用影像、利用戲劇這樣子很活潑的東西，就會有很多有意思的成教活動。成教一定要跟人的生活緊密關連，也就是說一定是要對一個人的生活有幫助，因此，我想「行動化」是很重要的。後來我自己也學做心理劇的導演，它是一種非常行動的劇，就是你說了就要有東西出來，所以大量用戲劇的東西，一直是我滿愛的一種方式。而這些有趣，可吸引成人，又會在成人內心引起較多的思考，甚至影響他們行為質變的方式，是隨時都可以讓他們發生的。

第二單元
藝術人權識讀

提　綱

1、您對於「人權」這兩個字的理解是什麼？

2、國外的許多國家有人權電影節，係藉由每年映演人權議題的電影，引起人民的討論並帶動人權意識的抬頭；有關人權電影的部份，您認為現階段國內需要什麼？或缺少什麼？

3、近幾年來人權電影有那些議題？最具代表性的有那些？影像創作者對於人權的討論多不多？

4、今（94）年年初蔡明亮的「天邊一朵雲」獲得柏林影展大獎，再次引起人性尊嚴、情色與情色管制的話題，您對於藝術與情色的分野有什麼樣的看法？

5、每年5、6月份藝校各系所開始舉辦畢業展，對於外界的角度而言，在某一意義上可以說是藉由畢業展來定義、了解藝術學校，您是怎麼看畢業展的？畢業展是否算是一種「儀式」？另外，今（94）年許多畢業展作品似乎有「天邊一朵雲」現象，您的想法如何？

6、文化政策與人權是息息相關的，您對於現今文化政策的看法為何？再者，政府對於文化政策影響極為深遠，但是因為選舉的關係，不可避免的會造成執政者的更迭，從而對於文化政策產生影響，關於這點您的看法又是什麼？

專訪　國立臺灣藝術大學應用媒體藝術研究所 陳儒修教授

一、請教您對於「人權」這兩個字的理解？

　　我認為人權這個概念我強調的是「尊重差異」！現在對於人權議題的討論，一直以來我們會強調的是尊重弱勢、不平等的現象變成平等，或是被忽略的聲音能夠發聲，使以前認為不正常的現象加以平反，這個部分應該滿多的領域或專家學者都討論過了。對我自己個人來說，會強調的是「尊重差異」，每個人有自己個別的主體性，自己主體性會因為個人出生的背景、種族、階級的關係，自然會有所不同。我們現在所要做的事情是「尊重差異」，而且能夠容忍差異，像是之前看到人權被誤用或集權政府對於人權、人的破壞，就是不能容忍這個差異性，我無法給人權真正的定義去說它是什麼？可是我會強調「尊重差異」！

二、國外的許多國家有人權電影節，係藉由每年映演人權議題的電影，引起人民的討論並帶動人權意識的抬頭；有關人權電影的部份，您認為現階段國內需要什麼？或缺少什麼？

　　我會整體的來談，最早的時候我和王拓立委合辦第一屆的人權影展，印象很深刻的是在辦的時候，我除了會介紹國外弱勢族群的尊重和認識之外，我還會放一部片子就是「哈維米爾克的時代」，就是舊金山一個同性戀的市長哈維米爾克（Harvey Milk），他當選了舊金山的市長，後來很不幸的被刺殺，我印象最深刻的是那個年代有必要去強調一個同性戀者的一個平權意識，就如同

我剛才提到要「尊重差異」，那個時候同性戀的人權是需要去宣揚、去支援的，在這幾年來，我們看到同性戀者不再是弱勢族群，他們的社會資源與消費能力等等在受肯定的同時，雖然在國內還是有同性戀被歧視的現象，但是很容易就會得到大家共鳴和聲援，所以他們已經不是我們需要去關切的，若說現在人權的議題，要透過影展的形式去探討，我覺得現在台灣有一個新的族群，就是外勞和外籍新娘，這裡談的外籍新娘當然包括大陸新娘，外籍新娘包括來自於大陸的、來自於東南亞的，這些已經成為一個新移民的議題，這些議題我們看到媒體對於她們有一些負面的報導、負面的呈現，她們的聲音從來沒有被人家重視，好像我們只要求她們融入我們台灣的主流社會，可是我們從來沒有用心地了解她們的狀況，而特別是外籍新娘，有新的統計說有近三十萬的外籍新娘，我們生下來的下一代小孩有將近每7個新生兒就有1個是外籍新娘所生的，而這些小孩都是一個新的台灣之子，在過去這幾年來我們用這種跟外籍新娘通婚的過程來污名化她們，說她們是被買的、她們是台灣的男人娶不到台灣的女生才去娶，甚至把她們當成商品在販賣，這是現階段必須要去處理的一個議題，這個部份在過去幾年的人權議題的影展，不一定是人權影展，在其他的紀錄片或各個地方，逐漸有被討論，我覺得這是好現象，所以外籍新娘是一個；另一個就是勞動力，台灣現在真正粗重的、勞力密集的工業，多由外勞所代替、取代，因為我們自己的人不再去做這種事情，讓中國的勞工和東南亞的勞工去做，而這些人也是目前整個族群的一塊，可以說是第五大族群，所以說他們既然是台灣族群之一，那我們就有必要去了解他們，這幾年的人權影展，可能也要注意到這塊焦點。

　　當然在這過去幾年裡，人權影展比較重視的議題是什麼？我

覺得這幾年最為成功的議題是對於原住民族群的尊重，我們看到原住民有一個還我土地的運動、正名運動，他們族群也不斷地擴大，從九族、十族到十一族，開始注意到他們個體的差異性，而不是一個只是原住民或山胞一句話統稱他們。這也就是我剛才所說的「尊重差異」。再往前推，女性議題像女性影展，透過像國內比較重要的像金馬獎、國際影展、台北電影節，這些影展裡面都會有一大塊是女性，或是一大塊是同志，像是這幾個議題在這幾年是做得比較有績效的、比較能夠被肯定的東西。（問：那像是身體或心理有一些障礙的人權呢？）這個部份，有一個已然辦了幾年的影展，叫「圓缺影展」！這個影展第一屆我記得是由蕭菊貞辦的，蕭菊貞她是一個紀錄片的導演，這幾年她一直在關注的特別是身心障礙的議題，主要是身體殘障的人士面臨到最基本的就業、就學、婚姻等問題，因此她辦了「圓缺影展」，這幾年好像辦了第幾屆，陸續有這些作品出來，透過紀錄片的形式，讓我們注意到一個個的個案，所以這個部份也是現在有在做的東西。這些不一定都在人權這個大框架之下，但是個別的議題都有在做。

三、近幾年來人權電影有那些議題？最具代表性的有那些？

我第一個想到的片子可能很奇怪，但是值得想一下，叫做「回家」。「回家」是我們電影系的一位老師叫吳秀菁，她是拍一個死刑犯的故事，她拍的那位死刑犯好像是因為用汽油桶縱火燒死很多人，後來判死刑，目前已經執行了。吳老師去監獄裡面不斷地跟他訪談、不斷地對話、不斷地紀錄、他個人的一種反省和懺悔，我忽然想到這部片子是因為他代表性很夠，因為即使是死刑犯這種被視為是很可怕的社會問題人物，我們都可以看到他人性的一面，他犯罪的原因？為什麼要做這個事？他做這個事之後的反

省，這些東西都在這部片子裡面出現，當然「回家」這部片子是滿舊的。而最近比較有趣、或有代表性的片子，片名我一時忘記了，是討論外省老兵的故事，而在劇情片裡面有例如像香蕉天堂，這些片子他們都有呈現，然後也有紀錄片在紀錄外省老兵，這也是另外一個族群比較不被重視或者說是較被忽視的族群。

四、今（94）年年初蔡明亮的「天邊一朵雲」獲得柏林影展大獎，再次引起人性尊嚴、情色與情色管制的話題，請問您對於藝術與情色的分野有什麼樣的看法？

　　這個問題比較複雜，基本上我們在討論這個問題的時候，特別是對色情的定義，有個很有名的說法，美國有一個聯邦最高法院的法官說：我不能界定什麼是色情，但是我如果看到我就知道什麼是色情。意思是說，色情這個定義很難去劃一個標準，他是因人而異的，他會根據各個人不同的心理狀態、生理狀態、他的社會背景、他的文化知識水平，而產生一個標準，所以我們在對於色情和藝術的討論，我個人比較關切的是個人言論自由的表達，也就是說一個藝術家他認為這個東西是他想要去做的，而他看到的是一般人沒有看到的東西，然後他要採取這個方式去表達的時候，我覺得我們可以去尊重這樣的想法。除非說他的品味真的很低俗或很陳腔濫調，否則我會覺得說任何一個藝術家的一個創作我們都要尊重他的完整性。就像蔡明亮這部片子來說，他在得獎之後，他就不斷地希望國內電檢處不要剪它，保持它的完整性，這個我們不可否認的是他是一個議題性的炒作，他希望引起大家的注意，因為台灣的電影已經很不行了，有人能夠注意他就會賣得比較好，另一方面他也就是利用這個機會來對於我們一個尺度的挑戰，因為一個藝術也好一個色情也好都是一個尺度的問

題，而這個尺度是人訂的、是人為建構的，它可以不斷地變動，我們比較不希望看到的是讓別人告訴我們什麼是該看什麼是不該看，我是覺得一個有成熟心智的人，他自己可以決定他該看什麼他不該看什麼！所以，色情和藝術的分野我覺還是回歸到它是一種試圖去對於各種界線的反省和思考的東西。那會不會說有人因為蔡明亮這種宣傳的效果，把它當做是色情片來看？絕對會有，但我不認為看蔡明亮的片子得到的快感和看A片得到的快感是一樣的，因為那不可能是一樣的，因為那整個的呈現畫面、構圖、甚至於故事發展，若說要讓人家產生屬於比較淫蕩的情慾是非常困難。

（問：「天」這部片子的廣告為了希望賣座，因此剪輯了比較煽情聳動的畫面，但事實上它並不是那樣煽情的。而在廣告與影片兩者間有極大的差異的情形下，是否會導致因廣告而進去看的人對影片失望、對國片失望呢？）我覺得各有利弊，我只能這樣講我聽說南部有很多歐吉桑會去看，他會以為能夠看到A片，他能看到一些裸露的身體，我想他都會看到，如果說你就是要看裸露的身體那絕對看得到，像是那位日本的女明星，是有很賣力的演出，可是他整體不是在談身體裸露，也不是在講性。

我在講的是台灣電影採取這種煽情的手法來吸引觀眾，有點像欺騙觀眾去看電影，這不是好事，因為台灣電影的量那麼少，當觀眾看了之後所留下的壞印象會使得下一次就不會再進來了，這可能也不會是好事，就「天邊一朵雲」這個case，明明是非常嚴肅的一部片，卻採取的是非常挑逗甚至有點幾近色情片A片的廣告，當然不是一件好事，但另一方面它開始吸引觀眾進入電影院，那也不壞，這是兩面的事情，是看你怎麼去想像。（問：那藝術的表現自由和國家的管制應該要如何平衡？）我認為以電影檢

查來講好了，電影檢查這幾年我們在爭取的是「只分級，不刪剪」也就是一個片商或一個導演把片子呈現出來後，我們尊重它的完整性，然後政府機構不再剪、不會去做噴霧，或是破壞它的結構，只用級別的方式呈現。所謂的級別是用分級制度來規範那一種身心年齡的觀眾可以去看，但我不認為這是一個好的制度，在這個制度間我們還要同時思考，我們應該要做到一點，就是「播後再審」就是放映完後再審，意思是訴諸於整個社會輿論來決定這部片子到底是怎麼回事，若能做到這點就是政府能夠完全deregulation就是放棄了規範，也就是說政府不要干預太多的藝術創作，有時候看到政府對於電影的檢查有時候想起來很荒謬，因為我們現在電影人口其實滿少的，他應該管電視，電視才是更嚴重的問題，是直接深入到每個家庭去，大家打開電視，裡面好的壞的全部都影響了，而現在觀眾已經很少走去看電影，然後他還管，其實是很好笑的事情，但是他們也說明了電影有一定的煽動力，對社會民心士氣有影響，所以政府是一定要管制的。而我們現在的主張是你就不應該管，放手讓他去做，採取的就是先播後審，這個東西其實電視就在做了。電視採取的就是先播後審，等到出問題了再來處罰你。其實電影也可以這樣做，讓整個市場和社會輿論來公評，來決定它究竟是一個什麼東西？這個社會就是要政府介入越少越好，這樣的方式就可以把電影真正尊重成為一種藝術形式，所以是要看國家的公權力，他的手要介入到多深。（問：應該如何分級？分級制度的成員又應該是如何組成的？是菁英式？亦或民粹式？）這個部份，我就要以我們電影檢查做例子。新聞局電影處本身有一個電檢委員會，這是官方機構，他們按照分級制度來給影片一個級別，例如這部片子有裸露器官，就是限制級。規定完之後片商可以申訴，如果片商不服就可以提出申訴，提出

申訴的結果，他們會找一群類似一個代表團體，就是有一群人是他們的databank，他們是從這裡面抽取，然後這些databank就有做到妳剛剛提及的平衡，他會有菁英的人，也會有民粹的代表。比如，我經歷過像他們邀我去看的時候，我可能是代表學者，但是也會來一個家庭主婦，所以說他在樣本空間的篩選，他會注意到各種代表性，這個時候會有一個共識，整個人民的共識也是可以被建立的呀，所以目前的電檢制度的級別判定是有這樣的兩階段的過程來進行。（問：所以這樣的方式是不是就比較不會有專家學者與家庭主婦雙方的意見有所分歧的狀況嘍？）會呀，當然也會有！面對到這種相當極端的時候，主要的在於新聞局的官員邀集了這群複審委員是誰，他們有可能找了五個複審委員都是自由派的，意思就是他的樣本空間是擺在這裡的，但是他怎麼連繫的，我們不知道！當然，我也碰到他有聯絡我只是我有事，真的不能去，那個家庭主婦就會去，去了之後她有可能認定擔心小孩子看了之後會有不良的影響、有壞的榜樣，有可能會一個個去限制，所以這就是一個民主一個選的過程，就是這麼一回事。就整體來說能夠公平就好了，沒辦法期待每個片子都要被寬廣的檢視，那完全是要看現場發生的狀態。

五、5、6月份藝校各系所開始舉辦畢業展，對於外界的角度而言，在某一意義上可以說是藉由畢業展來定義、了解藝術學校，而令人好奇的是……您是怎麼看畢業展的？畢業展是否算是一種「儀式」？

它是一種「儀式」沒錯，是一個系所或班級在他們學習的這幾年來成就的表現，是一個整體的成就。就電影系或應美所，我們有辦類似的成果展，就是在展示這些學生在過去這幾年所學的

成就展現，對於成就的展現我覺得滿重要的，這些東西讓學生自己組織動員，自己去規劃，把他們自己認為最得意的東西把它包裝出來，我是認為這是一個成年禮，是一個成年禮的表現，代表他們將要踏入社會，代表他們這一代或這一班對這個整個社會的想法一種呼應，所以這絕對是一種儀式。

六、現在各藝術學校正開始在舉辦畢業展，今年（94）似乎有「天邊一朵雲」效應，最近許多畢業作品中，常有大膽的以情色為主軸的作品，對於這樣子的作品，而您有什麼想法？是好？還是壞？

對於這個部份，我不認為這是一種連鎖反應，我覺得這只是時間點的湊巧，像我們常常說一個藝術運動的興起，不是幾個藝術家講好說我們一起來畫什麼東西，我們應該要用什麼方式來畫畫，不是的，這是一個藝術家某種感知的能力，對於我們社會的一種思考，在那個時候不約而同的，去進行同樣形式的創作，或是就同樣主題在探索，這才是一種運動產生的原因，我會認為應該是這樣子的講法：這個時候是蔡明亮在創造自己的東西，他對這個社會的想像，他用這個東西表現，在同一時間，在台北的一所學校的某一群藝術家，忽然他們也決定選擇這種題材來呈現，所以說這些議題的呈現是一種藝術表達的方式。我當然知道你會講像世新的展覽，可是世新的展覽重要的不是在於裸體，是在於他是改編一個小說，重點是我們看到這些學生很用功很努力的把一個幾乎是世界名著，用一個影像來呈現，我們應該是為他們喝采，因為他們敢去碰這個，剛好這個世界名著是要描述裸體，所以這個時候才會出現情色的議題，成為聳動的東西。而且世新在發表時並沒有強調裸體，是媒體的炒作，媒體是看到這種議題有

賣點就會去強調，而忽略了它在做什麼？它的議題是來自於那裡？這個部份在媒體上是完全被忽略了。絕對不是這個（天邊一朵雲）去刺激這個（學生作品），這樣就有點刻意去認定是模仿的感覺，或是東施效顰的感覺，其實不是這樣子的。每個畢業班彼此的腦力激盪及互相藝術創作影響之下，他們才決定今年的主題。這就像我家旁邊的師大附中一樣，每年的畢業展都樣有一個主題，這就代表這屆畢業班決定要用什麼方式來展現他們的成年禮，一個脫離高中到大學的階段。可以說是一個班主體的呈現，這個東西是不是一定要跟社會某些東西做一些呼應，我覺得是會有，因為他們畢業是這個社會的一份子，所以他們會有對這個社會的看法或期待，或期望社會能夠怎樣接受這些人，所以這只是他們的一種聲音和語言的表達，我覺得這是好事。我覺得一個藝術創作如果只走一個安全步驟，原則上是不可能進步的，因為做一個藝術家就要有點走風險，創新和挑戰界限。挑戰界限很重要的。任何規範的存在就可能被打破，像法律也一樣，因為不斷的有例外、意外的出現，才能使這部法律修得更週全。否則以前就只有一條就是殺人則死，現在就知道了殺人有多種情況，甚至出現殺人無罪。所以這些學生所做的事，也是在挑戰我覺得我們台灣對於身體的體驗，也就是說身體是什麼東西、什麼叫裸露，如果它們叫裸露，為什麼以前我流行中空裝、露肚臍或者是迷你裙呀！這些東西裸露所反應出的色情成份跟全身裸露的色情成份差別在那裡？像是這些東西都是他們在質疑、在挑戰的！

（問：像剛剛有提到媒體讓讀者去做這樣的連結，讓人誤會以為藝術學校就是這樣，這樣算不算是對於藝術原創性的一種戕傷呢？）會呀，但是這又回到剛剛講的，就是蔡明亮的廣告採取的是一種聳動的東西，同樣的我們也看到了媒體也報導了畢業

展，也在強調了他們是炒短線或故意一鳴驚人，這個部份你只能說他無可厚非，媒體面對的是大眾，媒體不是能夠讓你深談闊論的東西，它是一個要快、輕薄短小、快速簡潔，一個概念講出去不用再解釋的東西，所以你不可能寄望媒體能給你什麼，他會帶給外面一種印象就是這些學生就是這麼沒水準，這是一個副作用呀！是不可避免的！但是如果說我們要求媒體可以自律，或做一些平衡的報導，那會比較有希望，其實這個聲音有出來。包括世新這個case，他們自己的學生在報紙民意論壇有寫一些文章，去答覆或者是反駁，他們會說、會直接挑戰媒體應去報導一些更重要的議題，不要一直繞在我們幾個裸露的同學上打轉。如果這個聲音多了，是我們回過頭來要求媒體自律，這個問題就比較嚴肅了。媒體是這樣不長進，像是繞在倪敏然的事件上一個月，而且媒體不談國際觀，我們不知道國際之間發生了什麼事，都一直在一個非常非常狹隘的圈圈打轉，所以我們希望用別的方式要求他們自律、規範，包括新聞監督及各方面委員會都有開始要求他們。這是多樣的，所以我們現在在談一個東西，是媒體識讀嘛。就是開始教電視觀眾如何去看電視，讓他們知道電視的真真假假，這是非常重要的，讓小孩知道媒體講的不見得全部都是對的。（問：中國時報那篇報導標題句寫著「你成名了不代表你就成功了」，您有什麼看法？）我是沒有看到這篇報導，但是你可以看到一個報紙最基本的「正反俱呈」，也就是說報紙應該是公正的，你讓贊成的意見跟反對的意見都鋪陳，當然你還是可以有意引導觀眾認同那一方，但是一個新聞倫理最基本的就是要正反俱呈，至於這個學者說成名不代表成功，其實這也並沒有錯，這就牽涉到台灣媒體裡面，對於名人的定義的一個扭曲，現在的名人不代表是他有多少真正的實力、學養，只要他敢秀、敢脫就是名人，他只要敢

跟別人做不一樣的東西他就是名人，那這就有點變態、不太正常了，這是一個媒體的問題。那篇報導很好呀，至少不再是媒體自編自導自演自說自話，因為最近看了太多這樣子，因為他報導東西跟真正的呈現都不太一樣，他問一個問題，他不會等你的答案，因為他自己就有解答了。這是很可怕，所以我們應要求媒體自律。

七、您看影像創作者對於人權的討論多不多呢？

我覺得不會太多，就現今台灣的狀況來說，我們現在的國際視野很弱、國際觀很差，就學生的創作來說，多數在思考的是自己的人際關係互動問題，會停留在他跟家庭、跟朋友，對於未來的期待，還有回顧過去，是一直繞在這些東西裡打轉，他們沒有新的視野來想像，可以去拍一個老年人的問題或拍一個小孩子的問題，這個很少，當然也有，台南藝術大學音像紀錄所，因為是拍紀錄片，所以他們會去挖社會底層的聲音，可能就會去注意到這些東西，那這個就值得肯定、很珍貴。他們從學生的觀點能夠關切到一些弱勢族群，就我一開始有提到我們現在的台灣人權議題要去cover到外籍新娘，就是最近有一部長榮大學的學生拍了一部「他鄉際遇」，他就在敘述7個外籍新娘的故事，不是一個很完整的東西，很短45分鐘，不過已經試圖用學生的觀點來呈現這個議題，這都是好事！當然創作者不會用一個像人權這樣的一個大的帽子來思考他的創作，他當然還是一個自我、小我，跟生活環境有關的來思考。

紀錄片就如同妳剛剛所提的，公視的紀錄觀點拍攝台北的女性到日本淘金、或是最近的無米樂講農民的生活、或是最近的一部南方澳海洋紀事講漁民的生活，還有最近一部「翻滾吧！男孩」講小學生體操，這個都是很好，我們看到這些，大家不一定要以

一個人權這個議題來討論，可是我們可以看到這些影像的創作者，他們的觸角擴大到各個不同的階層去，所以回到我剛剛所提的就是尊重差異，惟有透過這些影像，我們才知道，喔，原來在台灣跟我們共同生活、在呼吸的人原來有這些人、是這樣面對生命的，我覺得這是好事。所以公視的紀錄觀點、還有這幾年的紀錄片影展、台南藝術大學的音像紀錄研究所，在這種的教育體制的建構之下，讓我們的影像創作越來越多元，這都是一個好事。

八、針對外勞或外籍新娘的議題，政府是否有作什麼樣的政策去協助讓創作者可以去創作？

這個東西政府做得不是太多，嗯，我所知道像原委會、客委會，他們有一定的經費預算在編列鼓勵創作，像客委會鼓勵客家族群的歌曲用新的MV來介紹，讓非客家的人了解客家文化的美，這就是一個尊重差異，強調台灣多元文化的特性，原委會也有。當然這個都是杯水車薪啦，而且都屬於被動的，這個部份就是要建構一個機制，像目前比較有機制的，比如公視的紀錄觀點，或紀錄片雙年展，他需要大量的影片創作，這個就提供了管道，提供了拍片的機制。

專訪 國立臺灣藝術大學應用媒體藝術研究所 夏學理教授

一、請教您對於「人權」這兩個字的理解？

　　人權是當一個人出生於這世界上，應該有身為人基本的權利。誠如盧梭所說的「天賦人權」，即為身為一個人應擁有的權利，使人感覺是平等的。當時為何會提出「天賦人權」這樣的觀念？是因為當時主要的人們多數是在盡義務，他們勞務的付出是被帝王、貴族給剝削了，因此他們是當然地主張「人權」，所以我認為天賦人權在當時的時代是特別有意義的；而現在是民主的社會，每個人會主張自己的權利，即所謂「不平則鳴」嘛！也就是言論自由。而我的觀點是以「相對的」、「平等的」角度來看：也就是說，身為一個人應享有什麼樣的權利？則應要盡什麼樣的義務？人之所以與「動物」不同的原因，是因為人被賦予了「群性」的概念，動物與人的「群性」不同在於人還有道德的觀念，從而人在群性的社會裡希望有「秩序」，因此必需犧牲一些自我和方便。如果用簡單的話來形容我對「人權」的看法：那就是對等的社會給予人同時擁有了權利與義務，猶如一根扁擔，擔子的前端就形同權利，即為讓人們享受、享有的權利，而擔子的後端就如同義務，因此當我們的義務不存在時，擔子是挑不起來的；相對的，當我們身上只有義務，而沒有任何的權利可以主張時，除非是聖人，否則這個人可能是有問題的。若兩者失衡了，我想這樣不是一個很快樂的社會；所以我覺得，我們有一定的權利，「相對的」我們也必需去盡義務，如果社會裡的每個人都用這樣的觀念去做，那麼這個社會就會一直進步下去。

二、文化政策與人權是息息相關的，請教您對於現今文化政策的看法？再者，政府對於文化政策影響極為深遠，但是因為選舉的關係，不可避免的會造成執政者的更迭，從而對於文化政策產生影響，關於這點您的看法又是什麼？

　　這是很大的問題亦是可溯及長遠歷史的問題，藝術的起源其實是一個人生活的一部份，緊密連結。可是為什麼越來越跳脫了呢？是因為當藝術越來越精緻化，就與人的生活有了距離。從最久遠的原民時代，藝術一直就是人們生活的一部份（從神權時代到君權時代），到了君權時代，被精緻化的藝術就成為貴族的象徵，漸漸地就與一般人民產生了疏離感，因此可以說是此時人們享有藝術文化的權利被剝奪了。

　　而在黑暗時期，一般常民的文化藝術活動是被禁止的，尤其是在戲劇和舞蹈的部份，認為是不高尚的、是褻瀆神明的；主要是因為宗教，當時認為唱歌是可以歌頌神、圖畫則可以繪出與神相關的故事，然而當時認為戲劇是很粗鄙的、舞蹈則是與情色有關，所以當時是傾向壓制的。後來，終究是壓制不了，而戲劇則轉變為一種傳教的方式，使不識字和沒有受教育的人透過戲劇而對宗教有所認知；但是，舞蹈壓抑了很久，一直到文藝復興時代，突然轉變為唯有宮廷才能享受，因為藝術唯有在貴族的環境才會被保護；所以，因為疏離與管制藝術才會成為特殊品，而一直要到工業革命後，這樣的情況才有所轉變。

　　而在這個轉變之前，事實上並非唯有貴族才能享有，當主流壓抑著非主流，從而產生了地下化的情形。所謂「正統」，即為一直被保護而成為Upper Level（高階層）的文化藝術；而「非正統」，則是地下化的、被視為世俗的，且較粗鄙的文化藝術。其實每個民族或國家在貴族與平民之間的分與合是與政治脫離不了關係

的，一個國家政治的開明與否對於文化藝術的發展會產生不一樣的結果。譬如法國君王路易十四，當他擁有了新的凡爾賽宮後，便將羅浮宮讓出來，並主動提出：希望能將羅浮宮變成為是每一位法國人可以進出觀賞的地方。因此，強化了法國人對繪畫藝術的敏銳度。第一個史上公有的藝廊開放給民眾觀賞的就是在法國。

而最大的變革則是發生在第二次世界大戰後，文化主張開始有了轉變。在戰爭時期，各個強權國家會掠奪較弱小國家的文化資產，而戰爭後各國開始向掠奪的國家無條件或有條地要求償還當年被拿走的資產，這相較於二次世界大戰前的文化主張是有極大不同之處的。而之所以會有這樣的轉變是因為：像是二次大戰當時法國整個國家淪陷了，這對於一個國家的文化自尊是有嚴重傷害的，因此在大戰結束後，他們開始自我省思：「什麼才是我們的根？」文化就是我們的根，所以他們開始努力地追尋，法國就開始成立了政府的機構－－文化部；像英國也是一樣的，大戰時被德軍轟炸得很嚴重，後來英國也認為仗打了那麼久，的確是應該要開始實施文化復興，所以英國也做了與法國類似的事情，不過法國算是透過政府的力量做得最多的了。

那我們看看離我們最近的日本，日本在二次世界大戰打輸時，是一個很自卑的國家，在50年代日本出產的東西，「Made in Japan」這三個字是代表著廉價品，後來他們開始省思、開始認為應該要改變，不能讓自己變成一個沒有品質的地方。但是，什麼東西是有品質的？文化是有品質的。文化能夠被留下來一定是有品質的，它是經過了幾千年時間的品管，而去蕪存菁地留下最精華的東西。因此，他們也開始「尋根」！繼而有了日本語的復興，地方文化資產的再造（例如：村鎮的再造工程）。然而在此時，中國大陸卻做了與他國相反的動作——文化大革命。在文化大革命

時，認為文化是不重要的，例如：破四舊、老祖宗的東西全部是妨礙進步的……等等。相對的在此時，中國大陸雖在做文化大革命，而台灣則是在做文化復興，所以這兩者是一個對照的概念。還好當時台灣有做文化復興，因此目前台灣還保有許多中國大陸羨慕的文化資產。因為有文化復興，所以我們沒有文化的斷層；而中國大陸在經過那段期間之後，是有很嚴重的斷層存在。這個部份算是目前我們覺得可以贏過中國大陸的一個部份，也許我們資源沒有他們多，可是在過去我們沒有文化的斷層。若要找源頭，我們是還有些不錯的資料，這些都是過去我們的努力。所以，我覺得文化政策除了與人權息息相關，同時文化政策也是與各項政策有密切關連的。

　　綜上所說，每一個都是與政府的想法與概念是息息相關的，兩者之間是密不可分的。一個政府如果關心文化、重視文化，當然資源的挹注就會有所不同。而政府的態度又會影響到民間的態度，比如：法國係由政府強力的主導；英國雖然政府沒有直接處理，但透過理事會或基金會去執行，也是一樣的。當政府要推動一些東西時，民間是會一起被帶起來的，所以，從這點去觀看政府對文化政策的看法會是如何？我覺得，以現今的執政政府，從2000年開始，政府對文化政策上的態度是——「你要他死，他就不會活」。就是如神權時期，教會認同的就會活，教會禁止的就是死或地下化，而我覺得台灣當權的文化就有些類似這樣，政府承諾要做的就大量投入資源，他就活，而政府不想做的或資源不願意下放的，基本上他不是死就是地下化。尤其是在這幾年本土的文化和廣義的中華文化上，相互的論戰，也就是「以本土為優先」、「以台灣為核心」和「立足台灣」等諸如此類，像是這樣的政策算是一種瞬間的變化，對於過去政府長時間在推動的政策會產生

相當大的殺傷力。打個比方：今晚我們想去看一齣歌仔戲，但是令人困擾的是不知道要去哪兒看戲；或者我們去看個布袋戲，一樣的還是想不到要去哪裡。而這幾年政府一直在喊本土化，但是要看個布袋戲或歌仔戲，卻找不著要去哪裡看！而在台灣的大陸劇種，像是京劇或是粵劇等，以前有很多地方是可以看得到的，但是現在想要去看戲也不知道要去哪裡看！在政治上要轉變為本土化，可是我們要看本土戲也並不那麼容易；那過去推了滿久的京戲，我們想要看京戲，一樣的也不容易看得到！到底我們今晚可以看什麼呢？這樣尷尬的窘境究竟之中是發生了什麼問題呢？現今台灣文化政策碰到什麼問題呢？除了我曾說過的文化政策的轉變讓我們付出太大的代價了，其實同一個人在他的任內都會有轉變，更遑論是換人。轉變是不是不行，其實轉變不是不行，但是為什麼會轉變就要追理由了。比如：男女生在交往一段時期後，後來女生發現男生變心，女生就追問男生：你為什麼變心？男生就說：我也不曉得，我就不喜歡妳了。感情可以這樣，政策不可以這樣！因為政策他是一種理性的，而感情是感情是感性的，今天我喜歡這個人，但明天我不喜歡，這是一種感覺嘛！可是政策不能只是一種感覺！

所以，雖然藝術和文化是感性的，可是當藝術和文化要用政策去推動的時候，就必須理性。所以理性之下的產物為什麼會改變？改變是需要理由的，有的理由我們是知道的，但有的理由可能我們並不知道，不知道並非沒有理由，是因為這些理由是不能說的，像是可能牽涉到資源的分配、利益團體或者是為了與前面作一個區隔等等。其實我認為政府其他政策的改變是還好，但是我對於文化政策的改變是不同意的。因為，我們都認為文化是累積而來的。所以，今天我決定做某件事情，一年後改變它，那我

這一年所做的根基都未扎好就被剷除了，那下一個根又能扎多久呢？所以，就文化而言，做了十年、十五年乃至二十年不一定有效耶，更何況東西只做一年或半年。所以文化政策與人權是息息相關的；文化政策與政策是息息相關的；文化政策與政府的態度也是息息相關的。若當政府是一個以文化為己任的政府，很紮實的落實政策，我相信文化的景象和意象會很清楚。阿扁政府在上台時提出文化的預算要double，也就是從1%提昇為2%，可是我們看他執政的這幾年，並沒有落實，還是維持以往的規模，最高也只到1.6%～1.7%左右，從來沒有破過2%，而且後來又下降，當然你可以說是整體預算的問題、經濟不景氣等，可是我們的承諾與願景從這裡就可以看得出來，其實是沒有經過理性的過程，若他是一個負責任的政府，他應該在做出若干承諾前，就應該先做評估。也難怪現在大家就會比較說，這是一個口號式的政府，以口號治國。

　　這兩年來我們常聽到一句話是「文化是個好生意」，我不反對這句話，可是我們這個社會不曾經為這句話做過準備，也就是說無論是在心理的層面和市場機制，都不曾為它做過準備。我們還停留在仰賴政府做文化最大的莊家，當這個社會的文化工作者或團體在心裡上或技巧技能還沒有準備時，在市場沒有準備，我們消費者也沒有準備的時候，你怎麼期望它是個好生意？！我覺得我們並沒有準備好，還是必須政府花很多時間、給很多資源而且要有耐性，可是我們現在的執政者，可能有業績的壓力，希望能夠馬上看到一些成果。像是花了六千萬的全國表演藝術博覽會，就是在高雄縣衛武營（是一個廢棄的軍營），弄了一個48小時接力的表演，然後花了六千萬，我不了解為什麼要這樣做，急不急？好急喇！理由是什麼？有效果嗎？我懷疑耶！為什麼不把時間拉

長？如果說我們的目的是要讓外國的經紀人能夠對台灣的藝術有
所了解的話，那你可以用六千萬去招待他們，就好像觀光局發明
了也不是很聰明的一個方式，就是花錢邀日本人免費來台觀光。
你知道六千萬能招待多少人來嗎？我不懂為什麼有必要用接力的
方式演出，有誰半夜沒事會去看，更不可思議的是他們竟說出有
超過六十萬人次去看？我不曉得錢為何而花？

　　當我們把人權和文化放在一起的時候，我們可稱為文化權。
就好像人民有文化的參與權，住在都市的人很幸福，大家都在繳
稅，可是絕大部份的設施都在城市裡，所以全民在繳稅，可是國
家兩廳院蓋在台北市，全民繳的稅都成為兩廳院營運的資金之
一，文化權就是要讓通往文化藝術的道路是一樣的，我沒有辦法
在全國各地蓋兩廳院，至少要讓各地的人們擁有機會享受到與台
北同樣的文化機會。所以「藝術下鄉」的概念就要出來啦，在南
部要不要蓋故宮我覺得不重要，可是故宮的文物要能夠巡迴全國
是重要的；在南部是不是要成立一個衛武營藝術休閒專區我覺得
也不重要，可是表演團隊要能夠到鄉下、山上及海邊演出才是重
要的。當然有人說要有硬體才能有軟體，我並不反對在南部蓋故
宮和成立衛武營專區等，但回到了一個「市場」的問題，也就是
說我給他們硬體同時也給了軟體，可是我如何能夠有市場？所
以，問題的癥結在於教育，我們是否有讓受教者在每一科目上都
有等同的權利，讓我們孩子們都能吸收？像我們以前尤其在國三
或高三時都將藝術課挪用來上數學課，像這種方式就沒有equal
right，從equal right概念出發：既然眾生皆平等，那每一課程應該
皆平等呀！為什麼有的科目有列入考試科目有分數，有科目卻不
列入考試所以沒佔分數，相較之下就不平等！我曾寫過一句話：
「當人民是追求真、善、美的時候，很抱歉他是沒有分數的！」

我是一個誠實的、有為有守的及重視美感的人，很抱歉你沒有加分；當我數學、英文和國文很好時，你就可以上大學。

　　所以如果我們在先天的教育就認定能夠被量化的東西才是重要的，不能被量化的東西（比如藝術、文化）是不重要的。如果我們在先天上就做這樣的區隔，那即使我們在中、南部設兩廳院也沒有用，因為人們沒有被教育其實藝術文化的東西是應該要回到生命裡的。其實過去它本來是在你生命之中呀，現在那個東西被疏離了，它好像是特殊的，所以如果我們希望它能再回到你生命之中的話，那你就必須要透過教育呀！但如果我們在教育上也剝奪它了，所以就會出問題啦。所以我們在九年一貫的教育裡的藝術與人文及法規中有藝術教育法，這兩者均非常重要。可是我們擔心的是，雖然我們有九年一貫和藝術教育法，可是在實務的執行和推動上，有的學校就很用心，有的學校可能就聊備一格了，所以這不是一個很好的發展；世俗一點的來說，對於整個藝術消費的市場、文化的市場來說，這不是一個好的發展，因為根本沒有培養這樣的消費興趣，人們怎麼可能去消費。

　　雖然，各藝術學校和綜合大學也有跟藝術或人文相關的系所存在，可是這畢竟是屬於菁英教育，而我們認為藝術文化應該要回歸於常民的生活，而非將藝術停留在藝術的菁英教育裡面。之前我去香港的演藝學院看澳洲的歌舞劇在那演出的「週末狂熱」，進去看實在嘆為觀止！有很多家長帶著小孩子像小學生那般大小，這就是我所謂的這是他們生活的一部份。這就如同我今天帶你去買菜、逛百貨公司般一樣的自然，因為那是生活的一部份。在我們這邊可能這樣嗎？我想很難耶！所以台灣的國中加高中這六年是很恐怖的，全部都是分數導向，其餘的通通給我擺著，到了大學菁英教育的時候就要看各人的修為了，所以它普世的價值

是不存在的。可是，藝術如果沒有普世，如何能有文化市場呢？比如，台灣絕大多數是不吃肉的，那就不會有肉販了！會變成一個小眾市場呀！藝術在台灣就像是這樣，僅是小眾。前一陣子聽見一個數據，台灣真正能稱得上是藝術族群的消費者大約是總人口的1%而已。

　　再回到人權問題，難道這些人真的天生不喜歡藝術嗎？我覺得這與一個人出生的環境相關，若他們的家庭環境、教育環境與同儕環境等，通通不存在藝術的元素，要他喜歡藝術幾乎是不可能的嘛！若大家都在談藝術，可是我不懂那我就落伍啦，可是現在藝術、文化是沒有同儕壓力的呀！可是，難道他天生真的不喜歡嗎？沒有嚐試過怎麼會知道自己喜不喜歡呢？如果你試過，發覺自己真的不喜歡，一定是有個原因或理由的！像我們學生去外面做問卷調查，提到你一年參加過幾次文化活動？很多人說從來沒有參加過！再問：為什麼？他說：「沒興趣！」人不會天生沒興趣，而是後天的環境令人對它產生不了興趣！因為對它陌生，而沒有興趣。我認為，我們應該要嚐試讓所有的人都有equal opportunity（共同的機會），而不要成為一個天生的受排擠者、天生的權利則被剝削了。政府就是要努力克服這個部份，我們要讓全國的民眾無論身在何方我們都要給你共同的機會。這樣共同的機會可以讓你去選擇，你是否是真的不喜歡呢？而這不喜歡的理由應該不是你連碰都沒碰過！

　　我們在談文化政策時，具有市場性的東西政府當然可以不要做，政府有幾個角色要做，要做的有：第一、它是有傳承概念、有歷史軸線的文化，這是政府要努力的方向。所謂歷史的東西就是非流行，而這又如何能靠民間去推行呢？要讓非流行的東西流行是談何容易呀！第二、就是實驗、創新的東西，政府要支持。

因為這和歷史的東西一樣沒有市場，一個實驗創新的東西在市場還沒能接受時，自己怎麼做呢？藝術是稍縱即逝的，食物可以「試吃」，可是藝術要如何「試吃」呢？太難想像了，因為藝術是不能切割的，一個演出就是完整的！比如：一個人可不可能週六去看「週末狂熱」的上半場，週日去看它的下半場？不可能呀，因為那種感覺沒辦法延續呀！藝術的價值就是在特定的時空、地點所發生的事情，然後它的延續才有價值呀！第三、政府要鼓勵社區透過藝術、文化的元素，而達到社區認同。比如：我就反對我的社區，掛一些複製畫，我認為不必花錢再去買複製畫，可以將社區的繪畫班所產出的作品，就掛在社區大樓裡，大家就知道這是我們社區裡的人、社區的孩子畫的，是不是比較有生命呢！不然即使住在同一個社區裡，大家老死不相往來。所以政府可以補助一些經費給願意推動社區自身藝術文化的社區，像是英國在這方面就做得很成功，還派駐社區活動的專家去幫助社區推動！像法國即使換了很多的政府文化首長，一直堅持的就是「文化不能改變」，而英國則有一點改變，那是源自於對藝術交易的概念而有所改變，英國工黨上台後很希望能夠使藝術變成賺錢的東西，而原執政的保守黨認為藝術就是藝術，而工黨則認為藝術是可以產業化的，可是他們並沒有完全摒棄原有的觀念，他們是雙線並行的，就是再另外撥一筆經費去推動藝術產業化，沒有人會把藝術的價值做扭曲的呀！

　　台灣就是夾雜著本土化與大中華文化的思維，將政治與藝術扭在一起，他認為政權是外來的，所以文化也是外來的。那台灣所有學鋼琴的人是不是就不可以學了呢？當我們拒絕大中華意識時，為什麼我們還要接受西洋文化呢？你可以主張台獨，可是不可以排除世界各國任何一個文化呀。若是你對自己有自信，就可

以廣泛地接受世界各國的文化呀。「拒絕」是一種沒有自信的做法，像是有人不高就想把別人的腿砍掉，來突顯自己。若是不夠高，那可以鞋子穿高一點呀。台灣本來要標榜的特色，就是多元。我認為多元是最有價值的部份，也就是說以外國人的觀點，假如我一到台灣就可以看到所有的東西，我們不就成功了嗎！北藝大的邱坤良校長說的我很認同：「為什麼要害怕西洋音樂？如果我們今天把古典音樂在台灣能夠發揚光大，那古典音樂就成為台灣的特色了。我們手沒有比別人短沒有比別人差，可是我們沒有好的環境、沒有市場可以給藝術領域的天才，所以他們只能在海外才能生存。」台灣假如是古典市場的龍頭，那我們還會怕它是一個外來文化嗎？美國發明原子彈，不會自卑地不承認火藥是中國發明的呀。故步自封這就是政府的態勢，對自己太沒有自信了。有自信的話就是文化的部份，政府要大力的催生。文化應該要大氣。我們應該要把自己建立成一個海島國家，也就應該要有海島國家的特性，長於吸收別人的長處，不然怎麼生存，每個人都把它當過客？就像是海綿一樣，我把全世界最好的東西都留下來，而且留下來的東西就是我的，我們也可以很驕傲的。

三、空大對於人民受教權與終身學習政策的落實具有一定貢獻，您認為就空大而言是否還有需要充實的地方？

我覺得空大碰到了一些瓶頸，尤其是報紙上提到未來社區大學可以給學位。在國外空中大學稱為Open University（開放大學），它的存是針對地理範圍很廣大的地方，國土範圍大的國家空中教育就辦得越好。例如：印度、泰國、南非等。其實它是起源於英國，它跟BBC國家公共電視做結合，因為英國有很多地方是偏遠地區，他們認為偏遠地區更需要受教育，比如：如何種植、如何

維持自己的健康等與生命有關的教育，所以空中教育有一個流派是來自農業推廣教育，像是透過廣播、correspondence類似函授的方式，漸漸才發展成電視教學。而空中教育的目的是幫助偏遠地區的人民了解在日常生活中，有那些是可以做的，所以它宣導的意味是很濃厚的，後來才成為正規教育的一環，亦可稱為補充教育。所以一開始是沒有給予學位的，後來由英國的開放大學帶頭給學位，其他的國家就跟進，尤其像是英國體制的國家：澳洲、印度等。因此看這個國家空中教育發不發達可以看它的面積，像中國這麼大要怎麼教呢？所以他們就透過電視大學（湖南電視大學、新疆電視大學等）教導人民有關謀生技能與生命維護的知識。

台灣也成立空中大學，早年是因為教育資源沒那麼普及，而現在學校多了、交通又發達，空中大學成立於民國75年，至今快二十年了，妳說他有多少的前景，現在又有社區大學又在我家隔壁。目前空中大學唯一能夠存在的理由，就是能授予學位。假如，未來社區大學與其他公私立學校做了一個策略聯盟、共同的學程，也可以給學位，去學校又可以認識朋友，又有同儕的關係，所以空大它適合的時代已經過去了。空大到目前為止還有一些市場存在的理由是因為，過去的高等教育並不普及，而現在每個人想念大學幾乎都念了，請問以後還有多少市場呢？如果我們的孩子，從國小一直到大學都有學校可以念，以後空大的課程再怎麼豐富，可能都較難以生存。

另外還有兩點原因讓人不樂觀，第一、現在的高等教育實在過度普及。比如，要正規的就進學校念學位，不然可以去修學分或者去念開心、充實自我的，現在的大學就像補習班，可以先去念學分以後再去念學位等，現在真的很方便耶。第二、在遠距教學的辦法裡，關於各大學能夠以遠距教學開設學分，目前門檻是

設定在三分之一，也就是說128個學分裡，最多只能有42到43個學分可以透過遠距教學（電腦、電視）來修課。如果以後，開放得越多（如：三分之二），那空中大學不知如何生存呢？當有普通大學可以念的時候，為什麼要念空中大學呢？

這是時代在改變的問題。譬如說，今天我與人競爭，競爭過人家的理由是因為我的優勢，當我的優勢不存在的時候，我要怎麼生存。(問：可是空中大學是公立的，政府原則上應該會有規劃未來呀？) 即使空中大學是公立，政府現在就是放任讓高等學府互相競爭，最後再合併。目前政府一直在鼓勵併校，像台大和國北師併，市北師和體育學院併，未來師院體系要併為聯合師範大學，這是未來的趨勢；空大當然也會併校，只是不知會併到哪裡。時代在改變，其實以前就有跡象可循了，因為空大的課程稱為四環式的教學，第一環面授，一個月見一次面；第二環函授，就是講義；第三環廣播；第四環電視。你是否有注意到，裡面沒有網路！網路雖然是最近的事，但也有十幾年了，當初教育部與國科會共同推動的網路基礎建設（NITT），並沒有把空大列為重點學校。從那個時候，就已經有問題了，因為空大就是在推動遠距教育，可是國科會與教育部並沒有將空大列為網路教學的實驗學校，台灣大學、清華大學、交通大學和一些私立學校都有列入，可是就沒有空大。所以當時就有跡象了。不然為什麼在當時空大不加入網路，網路是一個平台，未來可以做視訊可以自己做課程選擇、做套餐呀！

四、今（94）年年初蔡明亮的「天邊一朵雲」獲得柏林影展大獎，再次引起人性尊嚴、情色與情色管制的話題，請問您對於藝術與情色的分野有什麼樣的看法？

　　我和陳（儒修）所長共同的觀點是，為什麼一定要剪呢？若是要剪，那分級制度就是假的。因為電影既然做了分級，就應該尊重分級。若已經分級了，再去動剪刀，分級就沒有意義了，這是第一個理由。第二個理由，今天我若是要拍情色片或藝術片，主要在於我創作的動機；如果我是蔡明亮我要拍A片我就拍啦，若藝術片裡面有A片的感覺，很抱歉他不是A片，它是藝術片！同樣的今天我要拍的是A片，即使在裡面有藝術的鏡頭，它還是A片！這是存在於動機的問題，也就是說你創作的動機是什麼？就跟犯罪一樣，法院依此來判定他是有罪無罪。所以「動機」，決定了一切！所以藝術與色情的分野是取之於──「動機」！我拍攝的動機是什麼？若我拍攝的動機是要激起大家的感官，在感官上受到刺激，這就是A片，那應該要放到成人電影區，或者它不該上映，也就不是一般我們稱之為的電影；可是我的動機是拍一部電影，可是畫面或鏡頭必須要表露出某個角色的一些念頭、想法和思維，而必須要涉及到情色或裸露，那我們應該要尊重他的創作，畢竟我們每個人的頭腦裡偶爾都會流竄一些情色的念頭，只不過他是透過畫面、鏡頭把感覺表現出來，把男、女主角內心世界的東西做彰顯。所以，我認為沒有必要動剪刀。

　　時代在轉變，今天假設我有心要看裸露的或情色的片子，我就不會去電影院了，台灣要弄到A片有那麼難嗎？無論是上網download或是其他管道，連我們家的小朋友自己的E-mail裡就寄來一堆色情圖片，他不想看人家都自己寄給他，我們這個社會管制，「假的」嘛！若說電影院是公眾的場所，必須要作管制的動作，

既然我們在私領域裡我們透過網路或透過情趣商店等非正式管道,其實都可以買到色情片,那麼那有人會跑去電影院看蔡明亮的「天邊一朵雲」?想看A片的人,會覺得一點也不過癮,那又何必擔心它是色情片呢?很有趣的一個話題是:假如今天蔡明亮沒有得獎,我就覺得它就會被剪!因為他得獎了,有個保護膜呀!這是不對的,這又是一個自信心的問題,我們今天對於國片、舞台上的東西,是否有信心呢?這可以交給市場去決定。像先前有個叫阿珠的,白天在賣豬肉晚上在脫的,警察要去搜證,我覺得很荒謬,這是警察國家才會做的事,交給市場去決定呀,如果她根本是亂搞觀眾就會唾棄她的。當市場被衝擊好幾次以後,這就是一個教育的過程呀。所以,既然有了分級制度,就應該要相信分級制度。

那至於社會大眾可能會有人認為有裸露怎麼不是色情呢?其實這又回到剛才所提的藝術受教權的問題。我們有藝術受教權,可是我們沒有在藝術上面著墨,而且在過去沒有教導我們認識這些東西,所以我們怎麼能夠期待未像我們受到這樣藝術教育的人們,到了美術館看到畫後,就豁然開朗了呢?而我們在身體上的教育裡,是教導裸露一定是色情的,從這樣教育長大的人,我們怎麼能夠期待他能看得懂呢?像是香港應該是很開放的,可是中國大陸進香港之後,像是一些攝影集有些裸體,在台灣是可以直接翻閱的,沒有說你在看色情照片,香港不是國際城市嘛,這些攝影集在香港所有裸露的全部都用膠膜把它封起來,它明明是藝術可是就像是花花公子一樣用膠膜封起來,這個就是沒有自信心,就是認為人們的眼光是色情的。

所以,第一、我們沒把教育做好;第二、在管制上又太過Over do it。我覺得分級制要做,而這些分級的專家要能夠對得起自己

的專業，像我有機會參加一些相關的研討會，發現有些人觀念保守到不行，這是有待改善的。如果我們的教育讓大家都知道裸露身體是有意義的，那這個部份當然是可以被接受，所以可以回到剛才提的，「動機」決定一切！

五、5、6月份藝校各系所開始舉辦畢業展，對於外界的角度而言，在某一意義上可以說是藉由畢業展來定義、了解藝術學校，而令人好奇的是⋯⋯您是怎麼看畢業展的？畢業展是否算是一種「儀式」？

畢業展就是（無論你待在學校多久）一個集體成果的展現，當然我們一般所指的畢業展還有一個理由是獵人頭公司會透過畢業展來找尋他們所要的人才，但是在台灣，除非你是做設計的，否則要靠畢業影展、劇展來被發掘，而找到工作，我覺得這部分的形式意義是大於實質意涵的，在國外的畢業展是一個連結從你的學習變成你的職業的生涯轉換的過程；也就是說，透過展覽、展演讓別人可以看到特定的人，而獵人頭公司或某個單位就會希望你來工作或加入公司。而畢業展的作品集（像是表演藝術會出錄影帶DVD、藝術的東西可能會有畫冊、設計的東西會有作品集等）這些東西就會變成證據，這些東西都是學習的成果，所以我們可以說，它是一種儀式、一個就業的橋樑、一個自我學習展現的機會或舞台。所以它的理由是多元的，所以我相信大部份的人都希望期待有畢業展演的機會，畢竟四年的學習你要讓人看你到底學習了什麼？（問：那畢業展算不算是讓自己思索四年來到底學了什麼？）也對，也代表我最後的focus在那裡，我定位在什麼部份？因為畢業展的時候大概就不會是打混仗、是很清楚的知道我自己是在做什麼，我設計服裝就設計服裝，有人設計平面就是

平面的展示,有人是拍片就會有片子,所以最後是有主軸的。

六、現在各藝術學校正開始在舉辦畢業展,今年似乎有「天邊一朵雲」效應,最近許多畢業作品中,常有大膽的以情色為主軸的作品,對於這樣子的作品,而您有什麼想法?是好?還是壞?

如果校園是一個社會的縮影,那校園是一個比現實社會更有保護膜的社會,因為在校園裡,憑良心講它跟真正的社會比還是有些差距的,當你在社會上做一個奇怪的事情有法律伺候你,在校園裡雖然我們有校規,但是學校基本上是在保護學生的,這是第一點;第二個,藝術的本身是很難下定義的,比如說我們覺得做這個事情真的很無聊,可是如果它對於當事人是有意義的,你就真的很難對它說什麼,像是妳沒事那麼露幹嘛?我看不出來有露的意義性和目的性呀,可是創作者如果說:可是我覺得我必須露呀!可是你不是她,你不能代替她呀。(問:那這種情形老師在打分數時,如何評分呢?)這個就牽涉到主觀認定了,比如說我很堅定的說:這是莫名其妙,那你有辦法就把她當掉,因為學生沒有辦法挑戰你的分數,因為藝術的創作是她主觀的認定,也是老師的主觀認定,這兩者之間都受到保障。你不滿意我的分數,你不能說:奇怪了,我覺得她應該有80分的你怎麼只給她60分。即使是校長來找我,對不起,等換校長教她的時候你再給她80分。在我的概念裡,她只能得60分,沒有任何人有權利來挑戰我為什麼只給她60分;相對的,你是藝術家,全天下也沒有人能夠挑戰你,你為什麼要做這樣的創作,你為什麼不用紅色?而用綠色?很抱歉,我就是愛用這個顏色,你管我!「藝術,是純主觀的。」為什麼是純主觀的,因為那是你的感覺,你的感覺不必然代表所

有人的感覺，如果有共同的感覺那就是「共鳴」嘛，就是我可以看懂你的作品，我可以了解你這首詩的意義，我可以聽到你音樂裡的弦外之音，這就叫作「共鳴」。可是，知音難尋！我們今天創作了某些東西，你找到了欣賞你的人，你會覺得很高興呀，而且兩個人還可以談得出所以然來。

這個是很不容易的，所以既然如此，我們看到學生的創作的時候，你真的無從就理字上來探討。你可以探討形式、風格、意涵，可是，你不能講道理，你不能說：我不認為你從頭到尾應該裸露！記得世新大學有四個女生全部脫光，你會說實在看不出來這四個女生真的有必要這樣做？（問：是好？是壞？）我只能說我沒辦法談意義，可是創作是感性的，我只能說：難道我們現在的學生真的就那麼沒有創意了嗎？我現在要引起話題靠裸露身體是最快的嗎？難道我們現在的創意真的貧乏到這種地步了嗎？是我想不出別的題目可以做所以我必須要做身體的話題嗎？今天只要有人敢脫一定引起話題、一定上媒體，因為它是高速公路呀！可是曾幾何時我們的創意是這麼的有限了？以裸露來呈現主體？我可以接受，我不能說無聊，我不能說錯，因為無論我做任何的評論都是非理性的、是感性的，難道我們沒有別的可以做了嗎？（問：那算不算是模仿呢？）我覺得還好耶，只是時間點發生的巧合，身體的東西每年都在做，不過剛好今年有「天邊一朵雲」耶，發生在年初嘛，我們輔導學生做畢業製作的人都知道畢業製作不會是年初才決定的，可能去年就已經決定了，去年還沒有「天邊一朵雲」不是嗎？我不認為這兩者之間有必然的關係。可能因為時間點，人們把這個東西從點變成面串起來談。從蔡明亮到他巡迴各校園，人們開始把身體當作一件事情在聊，然後剛好在畢業的時候學生有作跟身體意象有關的創作，可是跟身體意象有關

的創作每年都有呀，不過是恰巧就發生了。

其實還有另外一個議題也有很多人在碰，我也是有同樣的觀感，就是說：難道就只有這些東西可以拍嗎？除了拍身體以外，還有拍得最多的就是同志、同性戀的議題，都拍到爛了，我也不懂為什麼大家就一直拍一直拍…我是覺得，你我這種東西接觸得比較少，所以當我們看到的時候會引起注意，不是「共鳴」，而是「好奇」！What happen？因為他們不在我的生活裡，就好像今天電視台轉到介紹埃及，我沒有去過那裡，我可能會看一下吧！所以我們會好奇。可是這個東西我覺得也是另一條高速公路呀。（問：這算不算是對藝術原創性的一種戕傷？）藝術原創性是指我創作的意圖和概念是原發自我內心的，即使今天我是因為看到誰而他啟動了我，讓我有了創作的概念和態度，那也是原創的，所以你只能說，是不是我們年輕的學生他們腦海裡面想不出別的？這是要擔心的，如果大家的腦海裡只能想到要拍身體和同性戀，我覺得是滿慘的，這樣我就可以了解為什麼這幾年我們的國片就是這樣越來越慘，因為就沒有什麼可以看；其實像是我看到公共電視有個女孩上漁船拍討海人的紀錄片，我覺得我們不是沒有題材，我們生活之中有這麼多題材，為什麼有這麼高密度的人在談論身體？談論同志？難道我們沒有別的嗎？這是我的問號，事實上不是這樣，我們有很多題材，可是你會發現很奇怪的現象，就是以前很流行僵屍的片子，就有一堆這樣子的片子，因為這是高速公路，是最快的。所以我覺得沒有什麼好，沒有什麼壞，可是我擔心他們腦子裡沒有別的？我們講弊病好了，就是媒體持續報導之後，會受到鼓勵，而這種鼓勵是很可怕的，因為下一波會更嚴重，今天已經這麼做了，明年可能會更嚴重，這是壞事。如果他做了這樣的創作，大家也都平常心在看待，沒有鼓勵也沒有

杯葛，可能他就做他的創作，可是我覺得媒體一直報導，會讓他覺得你看呀，我有引起大家的注意，下一波的人就會follow，所以越做就會越怪。

七、有關台灣的美學教育，您有什麼看法？有沒有弊病？

關於美學教育的看法在先前就有稍微觸及到一些，我們有「落實」的問題。我們已將材料、廚具準備好了，可是我們沒有開瓦斯，所以它也不會熟！我覺得現在的藝術教育、美學教育，就是這個問題！法規就是廚具，課程就是食材，可是不開火！不開火的原因也許是校長、老師個人；也可能是家長、也許是教育主管機關、也許是整個社會的概念，所以徒有廚具和食材，只有煮不熟的菜！這是我覺得最大的問題。

八、近十年來，您看創作者對於人權的討論多不多？為什麼？

我覺得近十年來，透過創作探討女權的人很多，至於有關其他「基本人權」的我倒覺得沒什麼，我覺得人權是很形式上的，而且在我們講到人權的時候，我們就會把臉板起來，雖然人權是與家庭生活等密切相關的，可是「人權」給人的刻版印象就是嚴肅的。其實我們是生活在這樣的社會裡，我們享有它，但不會思索它。就一個創作者的立場，我很難去幫創作者想，要透過什麼樣的方式能做一個純藝術的演出去彰顯人權，我覺得有點難，也就是說我現在要單純的把人權的概念和藝術的活動、文化的展演兩者做一個連結，讓它們產生關係我覺得是有點困難的。倒是我們在一些抗爭的場合裡，在主張一些權利時，最近最容易的就是使用「行動劇」，所以展演本身成為一個工具，而不是在做展演的時候使「人權」變成是內容，這是有差別的。做藝術的人很難做

71

到創作就是在講人權的，攝影作品我還偶爾有看到，攝影作品有做到一些「人道主義」的東西，比如像觸及到戰爭、貧窮及第三世界的部份；紀錄片也是有，像是有些「六四」的紀錄片還在播放。可是其他的純藝術創作，我真的很少看到。你說解放自己的身體算不算是一種權利，像我們就知道他追求的一種目的性首先就是解放身體，破除自己身體的障礙，去追求身體所有的可能性，反正「言論自由」含括了一切，它代表了所有，所以我現在是嚐試用這樣的連結來談有沒有什麼展演活動主軸是在談論人權，就我而言是沒有這個經驗；不過，反過來談，人權運動者、社會運動者可以透過展演作為表現人權的工具，這倒是很多。我覺得台灣人權教育好像不是做得很好，跟藝術教育一樣做得不是很好。

第三單元

公民美學教育

提　綱

1、林館長您曾提到「應強化國美館與地方的關聯性」，您認為應如何將文化藝術「在地化」？近來各界常提到希望能夠提昇全民「美學教育」，請談談您的看法？

2、公共藝術議題，近來似乎一直有著「公共性抑或是藝術性」的衝突與矛盾，請問您的看法如何？

3、這些年在藝術領域裡，以城市作為創作主題的作品是不是有增多的趨勢？為什麼？

4、最近在台南市的海安路，文建會是希望能將這個街道變成美術館，您認為像這樣的街道是否能稱作美術館？

5、我們都知道，李館長您對南部地區藝術界相當熟悉，也曾經對南部藝術界與北部不一樣的地方提出相當細緻而生動的觀察，請談談南部藝術界未來應有的發展方向。

6、記得李館長您曾經說過台灣有一個很有趣的現象，就是一定要有消費才能了解藝術，好像沒有消費就沒有藝術的感受。請談談對藝術行銷的想法。

7、在文建會今（94）年 6 月所出版的一整套公共藝術系列叢書中，有關「全民書寫」、「公共藝術」的推廣設置等議題都頗受關注，請談談您的理解是什麼？重點在哪裡？

8、「高雄國際貨櫃藝術節」及剛開幕的「兒童創意美術館」的設置，當初的發想起源是什麼呢？

專訪　國立台灣美術館
　　　　林正儀館長

一、您曾提到「應強化國美館與地方的關聯性」，您認為應如何將文化藝術「在地化」？近來各界常提到希望能夠提昇全民「美學教育」，請談談您的看法？

　　一般說來，國家級美術館或文化機構雖然座落在某一個地方，但它肩任的任務往往是面對全國人民，因而常產生令人有點境外之地而與當地文化有些格格不入之感，甚或有輕忽地方需求的情形產生。但對地方來說，在爭取文化設施過程中，常會期待藉由文化設施繁榮、活絡地方經濟，並與當地文化相連結。以往例來分析，大家會把國家級美術館定位在很高的位子上，藝術品只要被放在美術館裡，就好像被放在一個很莊嚴隆重的藝術殿堂一般，與人民的生活就更不可能產生連結，而與當地民眾之間更是陌生。

　　早期的美術館就好像衙門一樣，建景很大，莊嚴隆重，可親性相對地沒那麼高。這次國美館的整建，整體建築硬體部份改變了以後，可親性變高了，而我們的軟體規劃與空間規劃方面也開始走向與當地結合，如兒童遊戲區、藝術遊戲區都是互動式的，其他如藝術工坊、兒童繪本區、教師資源中心，也是有意透過這些設施或空間與當地居民產生更好的互動關係，使其較有意願到美術館來。另外，除了原有的教育功能外，美術館其實還有休閒方面的功能，最主要是希望能夠提供包括園區方面的藝術化，讓民眾更有機會在接觸藝術之外，也有一些服務性的休閒設施可以使用，如餐廳、咖啡廳、書店、周邊廣場等，這些都是本館整建

後在空間或建築體方面的一些改變。

　　除此之外藝術教育的推廣也很重要，這部分可以參考中部各縣市或台中市政府與各地方合作的各種模式，例如各級學校美學教育與本館之間的合作。又如逢甲大學雖已有一個簡易的藝術中心，但校方還是較偏向理商方面的研究教學，關於文學藝術方面的資源相對較少，學生在這方面的接觸機會也就較顯欠缺，所以我們希望能夠有機會與逢甲大學通識中心合作，提供藝術領域方面的資源讓學生有更多機會接觸藝術，如有一些展覽可以到逢甲大學展出，或若他們有一些主題較明確的課程，本館也可以協調支援一些藝術家到學校作推廣，也可以結合本館展覽活動、安排學校課程讓學生到館上課或參觀時能有一些優惠等等。

　　現在還是有一些小學的美學教育仍停留在很傳統的教學方式，例如老師只略微介紹水彩畫示範作品，就要小學生們自己去臨摹後交出一幅畫來。這樣的美學教育對於作品材質、特性、如何欣賞等等問題，都沒有整套的教學模式可以讓小朋友有理解接觸的機會。雖然有些學校在教學方面已經有相當的改善，有些老師會先作教學規劃，但你會發覺很多還是只重在課程的講授，講授後再讓小朋友實際去模仿創作出一個作品來，這樣還是缺乏全套性的構想。事實上，老師可以以整套、配套的方式，在一學期鎖定一個主題讓學生去策劃一個展覽或設立一個美術館，或許一學期或一學年的課程就以水彩為主，讓學校老師引介一些水彩作品，或者包括學生自己的作品，以一個藝廊或畫廊的方式來呈現。本館也可以協助引介一些老師前去指導當地的學校教學，例如本館之前成立的行動美術館，就是包括教學、展覽與參觀整體做一個主題式的設計與規劃，去幫助學校設立一個美術館。假如透過整體的規劃設計，以例如半年的時間學習一項藝術，從藝術方面

的緣由、技法與表現方式，及如何去欣賞、創作一脈下來，就能培養出整體的概念，而這樣的教學會比較清楚而緊密的與藝術結合在一起。

這樣做也有一個好處，特別是當代藝術很多都是觀念性的，創作的媒材通常都非常地複雜且富有變化，以往民眾多沒能夠全套性的去認識，一下子要他們去接觸藝術，就沒辦法鑑賞，而與藝術之間的距離拉遠。所以我們希望能夠突破這些，設計一套新的教學模式，包括幫忙編排課程、提供教材、推薦藝術家、策展等，幫助學校學習如何去介紹相關知識、如何規劃讓學生來主導等等。這部份假如可以做得好，當代藝術就能內化到學生當中，這就是連結當地學校來作教育推廣的構思。而剛才提到的兒童繪本區、遊戲區、藝術工坊，也可以提供這方面的資源。

在推廣方面，本館已經開始建立台中地區的美術老師或校長的資料，將本館各種活動及館校合作的訊息主動傳遞給他們。當然其他地方的學校也非常歡迎，只是因本館是座落在中部的台灣美術研究重鎮，當然希望能夠優先與當地作一些連結。相對來說，北部有北美館，南部有高美館，台南可能想要蓋美術館，中部文化局也有一些畫廊……，但實際上真正擁有完整功能如典藏、研究、教學或休閒娛樂各方面的美術館，在中部就只有國美館，就如清水的台中縣立港區藝術中心也沒有如此完整的條件，所以本館既然座落在這裡，就會優先考慮到當地民眾以及學生。

至於談到文化公民權的部分，本館希望透過提供這些設施的方式來和學校、當地民眾作連結；除了政府有義務提供好的空間或文化設施讓民眾能夠多所接觸知識藝術以外，事實上民眾自己也有義務與權利來參與藝術。如能透過各種管道提供各類訊息鼓勵民眾多來參與，同時也知道這是屬於自己的權利和義務，將這

種互動模式能運行到如民間例行的初一、十五拜拜的習慣性一樣前來參觀美術館或其他文化設施參與文化活動，那麼政府提供的資源就不會浪費，而支持藝術發展的力量就能培植，文化公民權也就能逐漸落實了。

　　另外，在地化方面的研究也是一個方向，中部一些藝術方面的學術單位如東海大學美術系，具有傳統的研究風氣，逢甲大學也有建築藝術領域的學術資源，還有國立台中教育大學、彰化師大等研究單位，本館也希望能夠與他們合作。在具體的做法上，希望能夠與這些學術單位一起來研究台灣美術，這也是在地化的表現。而另一個在地化的做法就是與當地藝術家連結。對中部藝術家而言，一般多只能靠中部美術館的協助、介紹，因為北部美術館會以北部藝術家為主，而高雄美術館也會以高雄藝術家為主，除非可能是用一種合作的方式，比如2001年8月本館請謝里法老師策展的「10+10=21台北←→台中」(中部十個加北部十個藝術家，多出來的「1」就是策展10+10的總體呈現者，也就是此展的有機掌控和協調相關資源者)，介紹北部和中部的藝術家，相互交流、比較。假如沒有這樣的合作，中部藝術家就很難推展到別的地方去。所以可以理解的是，當地的藝術家必定會較依賴且期待當地的美術館能夠多介紹自己，或者在當地美術館裡能夠有較多呈現的機會，這個部份我們將會予以納入考量，將當地的藝術做整體性的規劃與主題性的呈現，並且把他們介紹到國外或者是中國大陸，甚至進一步與海外其他地區的藝術結合起來。總之，就是要與地方建立關係，使國美館變成「當地的美術館」概念！

二、近來各界常提到希望能夠提昇全民「美學教育」，請談談您的看法？

談到全民美學，目前文建會正在推動公民美學。公民美學主要可以分成兩個區塊（領域），一個是環境藝術，環境藝術是指你我在都市或鄉村任何一個空間當中，應該有責任和義務去提昇它的品質，甚至是公共環境的藝術化。也就是說，透過開放空間品質的提升，可能因而產生一種認知方面的提醒，讓大家有新的感覺或不同以往的收穫；至於公共藝術也是一種方式，可以藉此建立民眾美學的素養以及美感經驗。

台灣經濟發展以後，不斷有新的建設出來，民眾的生活品質也逐漸提高了，我們發覺有些人家裡裝潢得美輪美奐，對於公共空間卻非常漠視而不自覺，甚至有些還妨害到他人生活公共空間權利的地步，像是亂丟垃圾、房屋外觀不美化、草木不修、到處堆放物品、亂停車等等問題，這是屬於個人領域的部份；另外在公部門部份，有些施工時不會去考量實際需求，而僅以自己的想法去做，不管當地居民的生活機能如何？生活習俗如何？甚至是在什麼都還搞不清楚的時候，馬路就開了，水溝就蓋了，可能連河川也把它掩蓋掉，這當中所暴露的問題，當然就是公部門的公共建設缺乏對整體環境應有的認知。事實上，民眾也常因為認為公共空間是地方政府的，所以也會存有自掃門前雪、不管外面發生什麼事的觀念。其實這些你我都有權利也有義務去參與，不僅僅是關於一個藝術的創作，甚至到連最基本設施的參與，民眾都是有權利和義務去關注的。

再來就是如何去提昇環境，讓環境藝術化。當民眾有很高的環境意識去參與、共同關心整個環境的機能，這就已經屬於整個環境藝術的範圍，公民就可以透過這樣的參與過程去學習「什麼

叫美」，因為同樣一座橋或一個水溝蓋、通風口，透過參與有人就會開始覺得「啊～怎麼那麼醜」，到外面去看，結果覺得人家那樣做好像比較好，我們的部份能不能也那樣做呢？這當中還有很多例子可舉，例如廣告招牌並非做得越大越好，卻把周邊的樹都砍掉了！像這類公民美學的意識，透過對生活環境的參與，可以提昇公民對環境的認知和責任，最後會發覺透過對公共環境建設的參與，民眾開始會有責任感和概念，除了能把家裡裝潢得很好，對於家裡以外的環境也會開始有美的感覺與要求。

　　環境美學的概念必須透過教育推廣，規劃設計讓民眾共同來參與，透過這樣的參與進而能提昇環境意識，讓民眾對周遭環境產生認知與感覺，然後就會有反思。我們的公共空間有很多需要淨化與美化，若把髒東西通通丟在公共場所，那旁邊要如何放置公共藝術去呈現美感呢？我們在美學教育中一直想推公民美學，因為有了公民美學，民眾對空間就會產生感覺，就會去考慮到美的問題，而當民眾對藝術產生感覺與經驗的時候，到美術館來就會有更親近的感受。所以，從公民美學到環境藝術，對於推廣美學教育來說，這也是一個相當重要的方向。

　　另外，有關整體藝術環境建構的問題，你會不會覺得：台灣學習藝術的人不少，但支持藝術的人卻不多？事實上，一個比較健全的藝術生態環境，它應該是金字塔型的。藝術家是少數，支持的應該是大眾多數，也只有這樣才能有足夠的民眾去支持這些菁英藝術家們，且去購買這些菁英藝術家們的創作；相反的，如果沒有了民眾支持，藝術家要如何能夠有足夠的資源與能力去從事創作呢？但是以現在的情形看來，民眾雖然普遍支持藝術，但是對於藝術家的態度卻是，藝術家歸藝術家，我歸我！所以，所謂文化公民權或公民美學，就是強調要去建立民眾相關的美學素

養與知識，當民眾的素養與知識都有了相當程度的水平，才有辦法支持菁英藝術家們從事更高層次、更專業的創作。

三、公共藝術議題，近來似乎一直有著「公共性抑或是藝術性」的衝突與矛盾，請問您的看法如何？

其實，所謂公共藝術不叫藝術品也不叫公共建設，它本來就是公共性加上藝術性，兩者兼具。文化藝術獎助條例及其施行細則（按，第9條）對此有作解釋。但是公共藝術本身的理念還在不斷地改變當中，仍沒有定型，畢竟公共藝術發展的這幾十年間，因每個地區不同時期或每個地區人民文化背景的差異，對於公共藝術的認知有所不同。如美國的認知認為透過公共建築物或公有建築物之公共藝術經費成立之基金所蓋的美術館、圖書館，提供民眾在美學、美育方面的學習機會，有人認為這也是公共藝術。也有人認為公共藝術不見得一定要是一個雕塑品、藝術品，它可能是在一個公共場合當中，透過公共經費做一些其他藝術的呈現，而這個呈現有可能是表演藝術，也有可能是行為藝術等。

總之，所著墨涉獵的重點都不相同，概念上除了叫公共空間的藝術品以外，其實我們一直強調的是「公共藝術不是在美術館」，藝術品不是只有放在美術館、放在工作室，而是放在民眾生活所處的公共場所，所以藝術家就不能再只以自己單一的創作理念去完成作品，而是也應考慮這個藝術品放在公共空間時當地居民的感受是什麼？這件藝術品與當地又有什麼樣的連結與關聯？譬如一個藝術家要把一個創作放在高雄，他就不能把一個巴黎的東西直接擺進去，然後說這是公共藝術，其實他可以作一個像是「走向前鎮」（按，高雄市前鎮區），以當地的人文與歷史作背景；而這個藝術品就是要以當地的思維如碼頭意象或者當地發生的歷

史事件、歷史人物來創作。

　　那麼是先公共後藝術嗎？那也不全然，所謂公共藝術的創作，也是一種整合連結的概念，所謂「公共」的部分，就是藝術家創作這個藝術品的創作題材、材質、理念等各方面是跟設置當地產生關連的。（當然也有很多藝術品與設置地是沒有關連的，但是若有關連性則當地民眾的認同感就會更高。）而在公共藝術創作呈現的形式上，除了是由藝術家單獨來創作以外，有的做法更積極，譬如在創作時會和民眾作結合，他們稱為「共同創作」。「共同創作」是由藝術家先作鋪陳、規劃、設計，然後讓民眾一起來參與，完成創作，如所謂「全民書」的創作，就有共同創作的理念存在。另外，有些藝術家除了考慮到當地的民情風俗、歷史人文外，可能會透過另一種形式去了解當地民眾對於空間的想法後，然後再獨力完成創作，或者介紹自己的作品給當地的民眾知道，這些我們稱作是「被動式的參與」。

　　在公共空間的藝術品，有可能關連到民眾的生活機能，如活動動線、休息場所等，例如南投的一件木製公共藝術作品，擺設的角度是一根一根的，像是射向民眾的住宅，民眾覺得有「風水」的問題，結果就被當地居民敲斷了；又比如藝術品的安全性很重要，要避免小朋友因而受傷產生意外的可能性。也就是說，既然是在公共空間就會跟民眾有所互動而產生影響，所以必須考慮到公共的特性，不能影響到當地民眾的生活需求。美國有個作品叫「傾斜之弧」，在作品還沒設置廣場前，當地銀行行員進出時還很方便，但當這件公共藝術作品以一個城牆的造型設置完成後，民眾、行員進出銀行時都產生了障礙，當然無法被欣然接受。所以公共藝術除了呈現藝術家的創作理念之外，還必須特別考慮到公共性的問題。

有關國內公共藝術的推動已有十年，這十年當中民眾參與的
部分是有點單薄，也就是說民眾能不能主動參與創作？藝術家能
不能考慮到民眾的特性、需求？藝術表現能不能與當地人文結
合？這些都會影響到當地公共藝術品本身的價值與意義。當然這
部份國內仍在持續不斷的討論之中。而除了這部份以外，民眾對
於環境的意識有沒有提高？這也是公共藝術設置的重要精神，因
為談到最後，就是民眾也有參與公共藝術的權利甚至是義務，而
不全然單獨只是藝術家或是工程單位的事。

四、這些年在藝術領域裡，以城市作為創作主題的作品是不是有增多的趨勢？為什麼？

有關藝術的創作或是藝術展覽的呈現，都跟它所處的整個生
活環境有密切的關係，因為很多創作都是透過觀察以及經驗累積
而來。而為何城市的創作題材會逐漸增多呢？我們知道，人類從
工業革命以後開始都市化，在都市工作、生活，進而面臨全球商
業化，人類越來越密集生活在城市當中，產生很多城市方面的相
關議題，例如污染、都市犯罪、都市人性、都市的龐大建築物等
等的變化，因為這些都是以人為核心，人越多的地方發生的問題
也就相對增多。有關社會狀況的觀察、理解、反應、反思對藝術
家來說其實是蠻重要的部份，所以我們會發現開始有很多關於城
市的藝術創作，甚或包括展覽，例如台北市立美術館1998年策劃
的台北雙年展以「慾望場域」為主題，探討城市問題，而明（2006）
年的威尼斯建築雙年展的主題也是城市。其實城市跟人的關係本
來就是非常緊密的。

五、最近在台南市的海安路，文建會是希望能將這個街道變成美術館，您認為像這樣的街道是否能稱作美術館？

其實美術館或博物館的定義依據聯合國的概念就是，有一個建築體，蒐集一些文物或藝術品，而這些能證明人類文明的物品，在蒐集後去做呈現和教育推廣；總之，大致上就是在一個建築體裡作展覽、教育推廣這樣的概念。但是我們在規劃海安路的時候，就是要去打破「要接觸藝術、欣賞藝術，是要到美術館去的」這樣的概念。我們要推廣的是，在我們生活之中處處都有藝術品，包括生活週遭都是藝術的空間，很多空間物件都可以有藝術性的呈現。以海安路為例，海安路以前在馬路擴建過程中是一項中斷興建的公共設施，可以算是城市的一個惡瘤，也可以說是一個蠻霸權的城市規劃，但是透過當地藝術的介入，開始有了不同的城市生命，這種轉變也讓我們認為，要使民眾接觸藝術，不一定要到美術館，而在民眾的生活之中就可以提供他們藝術，然後透過藝術去提昇他們對於環境的感覺，進而關心自己所處的環境。

另外，對美術館而言，海安路的案例在倡導一個ready-made的概念，就是現成的美術館概念。所謂「現成品」，它可能是牆壁上的雕塑品或門窗，也可能是經過怪手摧毀所留下的殘垣斷壁，但是經過設計美化後，也可以視為是一種作品！在生活環境裡的這種現成的作品，只要我們去注意它、美化它，透過關照讓環境呈現出藝術化，它就可能成為一個類美術館！這個案例告訴我們，環境也要用心整理，環境是大家一起創作出來的空間，透過這個空間讓民眾得以更認識自己的家鄉、當地的民情風俗。藉由海安路的案例，引發我們談論藝術與生活關聯性觀念的改變與環境意識提升的課題！

專訪 高雄市立美術館
李俊賢館長

一、我們都知道，您對南部地區藝術界相當熟悉，也曾經對南部藝術界與北部不一樣的地方提出相當細緻而生動的觀察，請您談談南部藝術界未來應有的發展方向。

其實這是一個好大的題目喔！就我個人的觀點來說，我覺得台灣在「視覺藝術」的部分好像有越走越孤僻、越走越往象牙塔裡鑽的狀況，而在南部，我就覺得比較沒有這樣的情形，當然我講的是所謂的主流狀況啦！因為我們如果稍微注意一下，在整個文化圈的藝術形式當中，不管是表演的或者是文學的等各方面，在基本上還是會比較關心台灣的社會的。但是唯獨在「視覺藝術」這方面，主流的部分似乎比較談比如說威尼斯的什麼東西，或者是卡賽爾（Kassel）的什麼事情，而對於台灣的什麼事情就比較漠不關心。但是，可能高雄是在主流之外嘛！所以好像這個部份就比較沒有這麼嚴重。對高雄的藝術家來講，你說威尼斯怎麼樣、紐約怎麼樣，事實上好像都很遙遠，而且對他們來講那些東西是跟他們沒有什麼關係的啦，最多只是一種想像而已，所以他們會更加注意自己身旁的事情。也就是說，從藝術去關心我們的環境、我們的社會，而且很實際的去走入我們的社區等等，這是我覺得在南部這邊的藝術家一個很可以去發揮的地方。

那當然囉！這樣的東西表現出來可能就會比較有點粗糙，形式上也會不是很成熟；同時，相對於歐美他們那麼完美的表現形式，台灣藝術家的表現就好像會比較不是那麼的精緻，但是我覺得不精緻反而是種可能啦！因此，我覺得就南部的藝術界來講，

應該要去尊重這個部份，去肯定這個部份，即使現在可能不是很成熟，但是它只要是真的是在這個環境裡面很自然的東西，即使不是很成熟，我們都要去尊重它，因為以後可能會有種很好的可能的空間在那邊。所以，對於南部藝術界未來的發展方向，就是要像這樣走下去啊！總之，在藝術主體的這個部份，我覺得就是這樣一直持續走下去，應該就會有不錯的結果。另外可能比較需要去經營的就是藝術周邊的東西，譬如說行銷的啦，還有更深刻一點的就像研究的、批評的啦！

二、您剛才提到行銷，嗯，我記得您曾經說過台灣有一個很有趣的現象，就是一定要有消費才能了解藝術，好像沒有消費就沒有藝術的感受。那請您談談對藝術行銷的想法。

　　這可能是兩個部份，一個是「藝術消費」一個是「藝術行銷」，這是一個流程的兩個階段，我現在先來談第一個「藝術消費」。所謂透過消費才了解藝術，這落實到現實上真的會有這樣的情形，因為藝術它不是一種實體，當然經濟狀況比較好的人，他要消費藝術當然可以購買一個藝術品或者是雕塑等等，但是對一般人來講，他沒有這種能力，所以當去欣賞藝術到最後如果他沒有去掌握一個實體，那當然好像就有一點虛幻啦。所以有時候很多人去看畫展，看完之後好像抓不到什麼東西，然而透過消費，一方面這樣的行為好像是一種儀式也好像有一種效應在裡面，另一方面他是真的掌握到實體的東西，那我覺得很多人就是靠這樣踏進到藝術比較深入的那個部份，這是從整個行為思考出來的。

　　（問：當我們去參觀展覽，或者進入畫廊看畫的時候，不就是正在感受藝術嗎？為什麼還會好像抓不到什麼東西？這是不是跟我們的美學教育不夠落實有關。）我想這個是全世界都一樣啦，

當然台灣可能會比較嚴重。就像是很多外國人到一個地方去旅遊，就是在享受當地的氣氛嘛！但是台灣人還是會買一些當地的土產，好像當作是一件非做不可的事情，我們把這種現象放到參觀藝術的行為裡也會有這樣的消費情形啦。我看全世界的美術館都會很用心地去經營所謂的比較可以讓人消費的物件的部分，但我還是覺得很多外國人在欣賞、在與藝術品交流的過程中，他們已經得到自己想要獲得的那個部份了，而可能有些台灣人去看了，就真的也不知道在看什麼，不是很有把握，那他們要如何去掌握藝術實體的東西呢？所以可能就會有透過「消費」這樣的狀況產生啦。

至於「藝術行銷」。我則是站在我是館長的角色來談這個問題的，我覺得藝術是人類一種很好的活動，不論是生理的或是心理的，另外我覺得藝術還有一種心靈的效應在裡面，那是一件很好的事情。但是因為台灣有美術的歷史還算是很短的，台灣有美術也是要到日本人治理台灣的後期，所謂的美術才真正進入到台灣來。所以一般人的這種經驗就比較少，一般人對於藝術美術的了解就好像只存在一些典範或是一些傳說之中，一聽到藝術好像比較具體的就是梵谷、畢卡索啦！至於藝術這種事情，它到底對人會有什麼樣比較正面的效應，其實一般人也並不太能夠去理解這個部份，所以作為一個美術館館長，我覺得就是要去表現這個部份。總之，藝術的欣賞，是一個涵蓋著生理、心理、甚至是心靈各種層面的活動。那這種活動真的會對人產生出好像提昇到一種層次的效果，而這個我們或許知道呀！但是一般人呢？像高雄一般的市民事實上就並不是很了解也並不是很有體會，那我們就要透過行銷來改變。至於行銷的工具有很多，我們都可以充分地去運用。

三、在文建會今（94）年6月所出版的一整套公共藝術系列叢書中，有關「全民書寫」、「公共藝術」的推廣設置等議題都頗受關注，請談談您的理解是什麼？重點在哪裡？

　　公共藝術在台灣可以說不只是文化的議題，也是社會的議題，因為它是在公共領域裡面去作藝術的創作。而這個觀念是外來的，事實上台灣一開始有公共藝術的範例及法令，都是從美國那邊學過來的，當然這是政府的美意啦！差不多大概是在十二、三年前立法院就有通過一部「文化藝術獎助條例」（按，81年7月1日總統公布施行），當初會立這個法是因為覺得台灣的環境不夠美，而藝術家們的生活也都比較清苦，所以就立這個法，一方面美化環境，一方面鼓勵藝術家，給他們一些實質的回饋。雖然說這樣的立法原意是不錯的，但是我們所找的範例可能就比較偏了，因為如果一定要以美國、日本的實例及法令作典範，那結果當然也就會傾向成像他們那種環境裡面的東西。所以台灣實施到現在十幾年過去，我個人真的感覺很多公共藝術也並沒有達到美化環境的效果，而大部份的藝術家也沒有接受到感受到這個法原先所設定的要去鼓勵及獎勵藝術家的實益。（問：高雄捷運的公共藝術，好像得標的也是國外的！）其實它大多也沒有什麼得不得標的問題，高雄捷運就是直接給他們做的啦！一般並沒有經過一個公開的過程，那這是一個情形，當然高雄捷運是一個比較特殊的例子；但是除此之外，現在透過公開正常程序、用合法做的東西，我都覺得問題也很多呀！

　　（問：您覺得問題在那裡？）就像我剛剛講的，它沒有達到真正美化環境的效果；另外如果說台灣有一千個藝術家，那因為有這個法而得到實質上的鼓勵的，頂多一千個可能才有一個，而另外九成九以上的這些人，這個法所立意的他們就都沒有深切的

感受到，也沒有受到實質的鼓勵，因此我覺得這個東西是有瑕疵的。所以我才會寫一部份（按，《全民書寫──常民公共藝術 Primitive Public Art》乙書，文建會94年6月出版），但只寫了一半，因為我就來當館長了就沒有時間再寫了，後來是找了一位國立臺南藝術大學的學生，我來講由他去整理，這本書是這樣子完成的。而基本上這本書我所要表達的核心就是：藝術的創作是人的權利，不是藝術家的特權。我覺得人的創作是一種本能，我們應該去尊重這個部份，而且在大部分的情況之下都不要去抹煞人的這種基本的權益，即使是在公共領域裡面創作的部份，我都覺得還是要用這個角度去看。

而就是因為這個核心的概念，所以衍生出我的一些說法，譬如說像材料的運用，以前公共藝術都還很講究你這個作品出來的永恆性，講得跨張一點就是好像這個東西要與地球共存亡！好像你要做到這樣才符合公共藝術的精神。當然現在大家好像也覺得這樣是不妥當的，所以法令才修改成公共藝術設置完成後至少五年內，不得予以移置或拆除（按，公共藝術設置辦法第16條）。但是我總覺得這個還要再去思考，因為我發現創作這種東西你強調了永恆性，事實上就是抹煞了大部份藝術的可能性，因為大部份的藝術家從事的是自然的創作，而既然是自然的創作，那是否具有永恆性？可能基本上就不是他們創作時所主要思考的部份，所以假如要求一個藝術家一定要思考這個部份，那一定會壓抑到他藝術本質的部份。因此，現行法令的有些東西就需要檢討呀。另外，永恆性的要求也會讓很多藝術家變成只限於使用某一種比較貴重的材料；同時，也會導致有些藝術家幾乎永遠沒有什麼機會符合現在公共藝術對於材料的要求。事實上，假如藝術家所使用的是隨手可得的材料，因為他熟悉所以他傳達出來的藝術氣息就

可能會更強些，而如果以一般的觀賞者來說，他們這樣反而才更真正能夠感受到藝術是什麼？總之，其實現行法令在強調的某些部分，是會抹煞掉藝術一些本質的東西的。

尤其現在我越來越發現這種情況，因為人的生活越來越幸福，像我以前住高雄，高雄是以勞工階級居多，勞工真的是非常辛苦，小時候街坊鄰居整天都要工作，他們好像一個禮拜都沒在休息，有休息也想要加班，因為高雄都是外地人，生活都沒有什麼祖產，都是靠自己，平常是上班，假日是加班，所以幾乎沒有什麼休息的啦！但是，這十年來他們的生活真的改變很多了，例如勞動基準法就非常有實質的影響，像我認識很多屬於高雄勞工階級的人，至少都是所謂的三班制，三班制就是一個一個的輪迴，他們一個月可能放個七天、八天的假，而就是因為這樣，且自己又對創作有興趣，所以慢慢的就走入了藝術創作這條路，有的也走了快十年了，我覺得有的也完全不遜色於那些學院出來的藝術家，雖然用以前的標準來看他們都是所謂的業餘的，但是我覺得那不重要，最後創作出來的東西才是比較重要的。所以我們必須看重這個部份，而不是只關注學院。

（問：藝術不能只是菁英的。）對對！我總覺得藝術菁英的東西講得比較跨張一點就是比較偽善，其實像所謂的專業，他們所面臨的就是一個很嚴格的考驗，那就是他們要有「市場」。如果你是有專業需要的，那你這個市場的考量就會很直接的影響到你創作的風格；誰會買你的作品？顧客他們是在過什麼樣的生活？那你的作品就是要去思考這些，這樣作品才賣得掉呀！但是，對這種不是菁英的藝術家來說，作品賣不賣得掉對他們來講並不重要，其實幾乎是沒有什麼人在買他們的作品啦！他們可能只是很自然的，因為他們必須要這樣做心理才會比較舒坦，而也正因為

這樣所以他們才不會去考慮到作品的市場性的問題。因此講得比較開闊一點，反而是這些「不是真的」的藝術家，他們在做的反而才是更值得我們關注的，因為這些創作都是從他們的生活裡面出來的、他們真的是比較誠實的啦！

四、關於公共藝術議題，近來似乎一直有著「公共性抑或是藝術性」的衝突與矛盾，請問您的看法如何？

　　應該說這兩者一直都是矛盾的，也一直都會有關於這樣子的討論，因為藝術本來就是屬於比較是菁英的或者是少數人在做的嘛！而公共性卻是強調越多人來參與，才越能夠符合「公共」這樣的要件。我想如果我們把這個問題放到實際的狀況裡，可能就會比較容易來談。事實上，就台灣公共藝術的公共性或者藝術性的問題，我覺得這種東西是好像鐘擺一樣的持續在作擺盪，實在很難拿捏，但有一些很好的例子是可以放在藝術性或者是公共性裡面來作解釋的。例如說羅丹晚期有做一個巴爾札克（肖像）的雕塑，事實上羅丹是花了很多的精神在創作，他自己可能也想要突破，所以呈現出來的是跟以前的作品風格有所不同，也沒那麼寫實，所以一放上去，就開始有很多的批評，但是那件作品到現在來看，很多人都認為是一件有很高的成就的作品。所以這就變成是羅丹比較沒有理會公共性的部份的一個例子。

　　當然也是有另一個極端的例子，就是差不多1986～1989年我剛到紐約的時候，當時在紐約就發生了一件很著名的案例，就是有一位很有名的雕塑家叫塞拉（Richard Serra），他在紐約曼哈頓法院旁邊的辦公大樓廣場前面，做了一個鋼鐵材質的拱形的、很大的一個雕塑，名為「傾斜之弧」。這件作品如果純以藝術的角度來看的話，是一個很不錯的創作，但是它卻真的是妨礙到了！

（問：影響到民眾通行的動線了嗎？）對！就在市政廳前面有一個寬廣的地方，然後這個「傾斜之弧」的斜對角就剛好把它佔滿了，所以原來可以直接走進市政廳門口的人就要繞到兩邊嘛！那當然，後來經過很多討論、經過投票等等以後就被拆掉了。所以這是走到另外一個極端的例子。其實有時候我想想，假如它再堅持個十年說不定結果會完全不一樣，但這是沒有什麼定論的啦！只能用猜想的。

　　總之，這是一個很好的題目！就我個人的解答我會這樣來看，假如這是一個很優秀的藝術家，而且是很用心的在經營他自己的藝術品，這個時候我就覺得可以稍微不要太去在意「公共性」的這個問題；但是，話又講回來，有那樣程度的藝術家也是不多啦！所以有時候如果太去強調「藝術性」的這個部份，就也會變成是一個藉口，所以這個是不好拿捏的東西呀！因為現在的社會你一操作不當，就容易變成是一種民粹！而「民粹」其實對藝術是個傷害，我一直都這樣覺得。

　　（問：那公共藝術與藝術這兩者之間又要怎麼去作區別呢？）公共藝術其實就是有「公共」這兩個字，所以會比較強調社會參與，比如說作品就必須要去考慮到當地的情況，包括要不要把歷史的因素加進來，或者考慮到當地的人的行為等等，好比說這裡是個Shopping Mall，因為大家買東西很高興嘛，那就需要把歡樂的氣息表達出來呀；而如果要再更進一步，有人就會希望民眾的意見能夠加入到公共藝術裡面，譬如說讓民眾來投票呀！先初選出五件，然後把作品擺在比較可及的地方，讓民眾來投票，來作為一個參考，但是，目前來講以民眾的投票作依據的公共藝術還很少。公共藝術大概就應該是這樣子啦！

五、請談談您對於「城市書寫」(「都市書寫」) 或「市民書寫」(「公民書寫」) 的理解？另外,「高雄國際貨櫃藝術節」及剛開幕的「兒童創意美術館」的設置,當初的發想起源又是什麼呢？

「城市書寫」或「市民書寫」基本上它們都是鎖定在一個「書寫」的行為,「書寫」可以說是人的生理的動作,但是經由人類社會、人類文化的長期薰陶,到後來就變成是人類的一種本能,就像是我們一拿起筆來,就可以寫一些字,而既然社會把人類教化成有這樣的本能,那為什麼我們不充份的來利用這個本能呢？就像是給你一支筆,你就可以很自然的把自己想要表達的書寫出來呀。而當「書寫」變成可以是公共藝術的一種形式,那是不是可以讓全民一起來參與呢？

所以,基本上「城市書寫」(「都市書寫」) 講的可能是一種對象,比如說它是在書寫這個城市裡面所發生的一些事情,那我們可能就會把它稱作是「城市書寫」(「都市書寫」);而如果我們以參與「書寫」的人的身分來講,就會產生「市民書寫」(「公民書寫」) 這樣的概念。

至於「國際貨櫃藝術節」是跟我比較有關係啦！因為當初姚文智 (就是現在的新聞局長) 他想要辦一個國際性的文化節慶,一開始我就有參與,第一屆是我規劃的,第二屆我則是策展人,所以是更直接的參與了。其實它的起源是很自然的,因為高雄是海港嘛,它貨櫃的進出口量,在剛開始辦的時候,還是全世界第三位還是第四位,所以其實高雄就是一個很大的貨櫃港口,用這樣的東西去做題材,是很自然的。另外,「兒童創意美術館」,這其實是蕭館長也就是前一任館長的idea啦,我覺得這也很自然

呀，因為現在父母小孩子都生得很少，所以都比較會去注意小孩子的活動，像是藝術的活動家長就都很關心呀，所以其他的不談，就以市場的考慮來講，兒童美術館的市場說不定就比美術館（本館）來得更有影響力。而如果再以經營的成本來看，也是一樣的，它更能夠收支平衡啦！因為本館辦一個展覽，若是稍微有水準的成本動不動就要百萬以上，若是跨國的有的更是要上千萬，而兒童館基本上就不是這樣了，雖然它掛的是美術館的名字，但是或許它的遊戲性是比較強的！所以作品的成本佔整體展覽成本的比例，基本上就比美術館本館還來得要低很多，所以既然成本低效益又高，自然是很值得經營的。

發現文化地景

提　綱

1、在文建會今（94）年 6 月所出版的一整套公共藝術系列叢書中，對於公共藝術到底應該重公共性抑或是重藝術性的爭議頗有討論。而也有些學者強調「藝術不是民主的制度」這樣子的觀點。請問您的看法如何？

2、您認為目前的台北捷運應該朝那些方向努力，才能成為一席「可移動的文化饗宴」？而在近來都市學的研究裡，「都市書寫」、「公共藝術」的推廣設置等都頗受關注，請談談您的理解。也請您說明近年來捷運在「都市書寫」與「公共藝術」等面向，有那些重要議題？

3、您在《藝術進站──捷運公共藝術》乙書中曾提出審視捷運公共藝術的四項切入視角，分別是「主題與地點感」、「可見度」、「使用者的互動與參與」及「永續性」（按，第 36~37 頁）。想請問您這四個視角是如何產生的？這些視角尤其是「地點感」這一項，是必要的條件嗎？用這四個視角去檢視國外的捷運公共藝術是否都能符合標準？另外，請您談談捷運對於市民的公共意識及城市的意象有什麼關聯？

4、文化權是屬於重要人權議題之一，請教您對文化公民權的理解？也請您談談近年來在文化公民權領域有那些值得關注的議題？

5、近來各界常提到「公民美學」的概念，是希望透過以文化藝

術作為一個平台,來建構一個公民社會。請您說明對這個議
題的看法?及如何有效提昇公民的「文化質能」?

6、請談談我們應該如何去定義「夜市」?該如何去定位「夜市」?

7、請談談目前關於「夜市」的研究有些重要的議題?而未來又
有那些值得關注的發展趨勢?

8、您認為夜市對於「人」而言,有那些功能?又有什麼影響?
還有,對於外國人(包括來台工作的外勞、嫁到台灣的外籍
新娘)而言,夜市在文化意涵上是否代表著特殊的意義?具
有值得關切的功能?

專訪　中華民國駐法國代表處
　　　楊子葆代表

一、在文建會今（94）年6月所出版的一整套公共藝術系列叢書中，對於公共藝術到底應該重公共性抑或是重藝術性的爭議頗有討論。而也有些學者強調「藝術不是民主的制度」這樣子的觀點。請問您的看法如何？

　　「藝術不是民主的制度」並無法直接導出「公共藝術不是民主的制度」。

　　我就以收藏來舉例，我自己很愛現代藝術也收藏現代藝術，但是現代藝術有一些是很難懂或者是哲學性的東西，而我自己花錢去買它，那是藝術啊！那是有個市場、展覽場或者有個私人空間決定去擺設，它自有自己的邏輯、是屬於菁英取向的東西。例如我在家裡放一個非洲的面具（雖然可能我太太不准我放），可是我在家裡放非洲的面具這是我家的事啊。但是，如果要放在「公共空間」裡，那就完全不一樣了，因為「公共空間」是大家的、大家都要用的、大家都有權利，那你不能用少數人的決定讓大家都覺得不舒服或者讓大家都不認同。本來公共藝術就有很多的元素在裡面嘛！這個時候你再講「公共藝術不是民主的制度」，我就不能服氣了，因為「公共藝術」與「藝術」並不是等同的！

　　而且大概現在大家都有一個論調，也就是文建會出的這套公共藝術系列叢書，雖然我們每個人的個性都不同，但是大家都有個共識就是：談公共藝術的時候要「先公共後藝術」。如果一定要說「藝術不是民主的制度」，這在某一個程度上我接受，老實說連這句話我要接受都要用寬容的態度，因為這裡面有很多很多問

題，但是無論如何即使我接受，這也跟「公共藝術」不一樣啊！我的問題是：公共藝術怎麼可以這麼不民主呢？那如果有人回答說：「藝術不是民主的制度」，這是答非所問嘛！這句話可能說得並沒有錯，是定義的問題，可是用那麼狹隘的定義去面對寬廣的定義，那就有問題的呀？不然，為什麼叫它「公共藝術」呢？那你連「公共」的元素都沒有，為什麼還叫它「公共藝術」？那就直接叫它「藝術」就好啦！所以我覺得很糟，到現在我們竟然對「公共藝術」仍存有這樣的疑慮，這正好顯示在我們這個社會之中，連「公共藝術」這個概念都還在討論的階段，更何況去討論「捷運的」公共藝術？

　　（問：在您所寫的《藝術進站——捷運公共藝術》裡有提到（第131頁），法國建築師柯比意（Le Corbusier）曾愷切指出：建築師好比是政治人物，不能超越他所屬的時代太遠，不能像藝術家一樣。那您認為公共藝術的部份是否就像是建築呢？）沒錯！我覺得公共藝術就是比較像是政治的呀！政治是眾人之事，雖然我也不是很喜歡這句話，但是它有某個道理，就是每個人都可以參與的意思，但是很糟的是這會「庸俗化」，可是即便是庸俗化，我們也要接受！我覺得民主就是有一些很重要的元素，這是連台灣也不太清楚的。譬如說即便是你非常不喜歡這樣投票的結果，但是萬一結果真是這樣子，那如果你相信民主是正確的東西，那你就得摸摸鼻子、就要接受。所以，即使公共藝術會庸俗化，那你還是可以試著去改，你可以去影響別人說服別人呀，不管用什方法，政治不就是這樣子的嗎？所以，我覺得（至少我在書裡面的意思是）：公共藝術是比較傾向是政治的，那政治當然是指民主的！

二、我們都知道您是捷運專家，所以想請教您認為目前的台北捷運應該朝那些方向努力，才能成為一席「可移動的文化饗宴」？

　　我是一個工程師啦！我覺得這個部份可從兩個面向來回答，第一個就是捷運局或捷運公司、市政府（交通局）要更在乎使用者一點。也就是說，台北捷運應該不能永遠只在乎「速度」的問題。我覺得我們的世界裡面到現在還不太知道什麼叫作文化，文化其實就是生活（或生活的品質），所以它跟食衣住行都有關係。我覺得我們的教育也有問題，像我成長的世代就跟你不一樣，我覺得我們的教育會使我們講假話、講些漂亮的話，然後我們會去逛美術館去享受文化，但是回到家裡或走在路上，還是會吐口痰；或者是會把自己家裡弄得很好，但家外面就弄得很糟，這就是說我們的生命價值是兩面的。

　　也許我們搭乘交通工具的時候不講文化，但是一談到飲食我們就會講法國菜，其它像談到衣服或者是建築也是一樣的。但是我們要知道，捷運除了給人「速度」以外，捷運的空間有沒有品質呢？這不只是安全、快速、乾淨、準點的問題，除了這些以外還有沒有別的呢？這是下一個階段的目標！這樣台北捷運才能夠成為一席「可移動的文化饗宴」。其實捷運已經有一點點在努力了，比如說：人們進入捷運的行為模式與在都市裡的其他行為模式就不一定一樣，像在捷運裡面不會吃東西、會排隊，搭電扶梯時不管捷運公司的政策決定是否要靠右站立，大家都會主動讓一條路出來等等，這些行為模式和他們出了捷運站，尤其捷運站是在台北縣出去的話，可能就完全不一樣了。所以你可以看到空間的氣氛、空間的感覺的不同，人的行為模式也就會不同，而如果

我們下一個目標是讓捷運的空間變得更有氣質的話，是不是人也會變得更有氣質一點？現在人已經守規矩了、人已經愛乾淨了，那人會不會更有氣質？會不會更喜歡美？這個部分我覺得是還要努力的方向。

（問：如果明確一點地來談，您認為應該要怎麼做呢？）我舉個例子來講：像巴黎捷運的車廂正在改裝，改什麼呢？就是車廂如果是十節，中間的六節是座位多、立位少，列車的前兩節後兩節則是立位多、座位少，為什麼要這樣呢？那是因為他們捷運站的出入口都是在列車的末端，所以當車子快開走時最後趕搭上捷運的人都是在末端，因此那裡就會比較擠，所以他們把兩端車廂的座位拿掉些，希望來搭捷運而早到的人，盡量往中間走，因為大家都知道中間有較多座位，這樣乘客就會儘量往中間車廂移動。你看他們是怎麼樣地在考慮人性的！又比如：我們這邊的扶手都是一根的，其實一根的扶手很麻煩，像我這樣一身臭汗，一個很噁心的男生就這樣靠在桿子上，你大概就不敢去握了，因為你覺得很噁心。然而新的立桿上面通通都是3個圓弧形的突出桿，你懂這樣設計的意思嗎？這樣你就可以抓住扶桿而不用去碰到別人的手了。當你知道開始要考慮到人、考慮到人的互動，考慮到一些細節，這樣就會有一些很有趣的、很貼心的設計出來，那你就知道這個捷運站活著了！人家每次捷運站整修都會有一些新的東西，那是因為他們有在觀察「人」。但是，台北捷運呢？這個部分是要改善的！因為我也是台北捷運的定期查核委員，今（94）年有提案了，以後定期查核也要查核公共藝術的狀況是怎麼樣？總之，我們應該要在乎一些更深入的東西啦，不能只是一句「速度」，繼續鼓勵冷漠、效率，這會跟這個城市的文化根本沒有連結，所以我覺得台北捷運應該朝這個方向去努力。

　　另外一個就是，我們的市民（包括市府、交通局與捷運公司）為什麼就那麼直接的只認為台北捷運的職責就是我給安全、給我快速、給我乾淨、給我準點，這樣就好了呢！我們從來不覺得一個有品質的交通是很重要。而這裡的所謂品質，就是除了「速度」以外的東西，那為什麼會這樣呢？就是我們還是認為美還是要去博物館、美術館看，但是我們不是講整個市民都很糟糕，只是我們恐怕還要花很多功夫去努力才能夠讓市民都感受到，不然公部門投資了很多東西，市民都沒有感覺到，這就形同「拋媚眼給瞎子看」，然後公部門也就會覺得浪費，這是一體兩面的，所以一個就是我覺得台北捷運要改善的，另一個就是整個市民社會也要一起改善，不然「可移動的文化饗宴」就是成本很高的啦！具體來說就是，台北捷運要去清洗、要去維護捷運的公共藝術，可是如果一萬個人只有一個人在乎，那這個成本效益就會有問題了！

三、在近來都市學的研究裡，「都市書寫」、「公共藝術」的推廣設置等都頗受關注，請您談談您的理解。也請您說明近年來捷運在「都市書寫」與「公共藝術」等面向，有那些重要議題？

　　我覺得很好呀！就是我們開始對自己所處的都市愈來愈在乎，在各種不同的面向，有建築師在寫、也有小說家在寫，這就代表我們開始關心我們的生活了。倒是很有趣的是，以前不管我們是在台北或是在屏東，我們建築書寫的東西通常都是在講巴黎、講倫敦或者是在講紐約的美，我們都是去講差異性，所以以前就有好幾本公共藝術的書，都是在講美西，很少有回過頭來檢視自己的，也很少去作對照，就只是講人家的好，然後就躺在床上臥遊，然後就覺得很美，接著就把「它」消費掉了。可是現在

我們開始也談自己的城市了，開始也關心自己的環境，開始談公
共、談城市，我覺得這個趨勢是好的；同時也會對照了，從很遙
遠的差異地點開始看到自己，這樣也很好呀。所以這兩個都很好。

至於重要議題，先談「都市書寫」的部分。我那本《藝術進
站 捷運公共藝術》的第一章〈捷運公共藝術的時代挑戰〉其實
留給捷運的是批評，我的意思是說捷運對都市並不是件好事。嗯！
這個可能跟我所受的教育有關，我是1980年代末出國留學的，而
1980年代末正是巴黎對捷運提出最嚴厲批評的第二次，第一次是
在60年代第二次是在80年代，60年代那次是說：捷運就是資本主
義的東西，捷運很快速地把你送到一個地點，可是沒有「過程」，
所以生活愈來愈單調、愈來愈冷漠。60年代有一個口號就是「捷
運、工作、睡覺」，這就是說當你工作以後，你的生活就是變得每
天搭捷運工作，再搭捷運回家睡覺，然後第二天起來還是一樣，
就這樣日復一日。

然後，80年代更糟糕，因為巴黎是很美的，但那個時候他們
覺得所有的巴黎市民都變成是「土撥鼠」，一出家門就鑽下去，進
去無盡的隧道，一出來就是工作地點，甚至辦公大樓就是直接跟
捷運連著的，然後weekend你就跟死魚一樣躺在家裡，根本不想
動，因為你很累呀！然後，一日復一日，你根本已經不記得巴黎
是長什麼樣子？（問：反而是觀光客才會記得巴黎現況？）對！
我碰到的就是這個時期。那究竟捷運給了我們什麼呢？捷運使我
們更有效率，我們可以住在更遠的郊區，然後通勤的時間只要15
分鐘左右，然後呢？我們要怎麼去記得城市？為什麼我們要把地
面上的交通讓位給小汽車？然後自己卻是這麼卑微的！所以，我
覺得捷運在「都市書寫」裡面有一個很重要的議題是：捷運到底
是好？還是不好？像是台北的捷運，大家都是一面倒地沒有人說

不好。其實這是因為我們的捷運還不夠久，大概還沒有到不耐煩的程度，大概還沒有發覺捷運它大大改變了我們的生活，甚至是整個改變了我們跟都市的關係。其實高鐵馬上就會變成這樣子了，我倒是希望有人以高鐵為主題來提出反省，就是以後連高雄都是台北的郊區，然後我們去高雄不會在那邊過夜了，我們去辦事情就回來，結果到高雄就直接去辦事情，不會再去六合夜市了，因為只要3個小時，來回只要6個小時，事情辦完就可以走了，你懂我的意思嗎？就是「目的性」愈來愈強，然後以後你對這個世界的認識就是這個樣子，就是市區是台北，高雄是郊區，台中也是郊區，然後都是一日生活圈。所以，我倒是想要提醒大家捷運的另外一個面向，我覺得這是「都市書寫」裡很重要的一點。

　　另外是在「公共藝術」方面。很重要的一點是，至少巴黎、倫敦、紐約的公共藝術在捷運裡面是要作到去提醒這個地點的「地點感」，每個站其實都是在提醒，讓你跟你所處的都市地域相呼應。這就像我在那本書一開始講的那個故事（按，第2頁），在愚人節時我們所做的「拆換捷運站站牌」的壞事，這樣開始讓大家有地點感！也就是說，除了站名以外，我們還有什麼辦法能讓乘客到了這站就知道自己是到了那裡了？可是這捷運的公共藝術到了台灣就變成只是純粹的公共藝術了，就只是藝術家在這個點上從事藝術創作，如此而已，這點是最糟糕且最值得反省的！

四、您在《藝術進站──捷運公共藝術》乙書中曾提出審視捷運公共藝術的四項切入視角，分別是「主題與地點感」、「可見度」、「使用者的互動與參與」及「永續性」（按，第36~37頁）。想請問您這四個視角是如何產生的？這些視角尤其是「地點感」這一項，是必要的條件嗎？用這四個視角去檢視國外的捷運公共藝術是否都能符合標準？

另外，請您談談捷運對於市民的公共意識及城市的意象有什麼關聯？

這四個視角是我看了國外的跟台北捷運的差別，發現了我們自己的一些缺點，感觸很多，然後自己所整理出來的，倒是沒有什麼學理上的根據。

至於有關「地點感」這一項，這不管是在極權國家還是在美國、英國、法國甚至是在台灣，大概演進了這麼久，這個「地點感」都是重心所在都是很重要的issue。更何況連本來是為了炫耀自己國力而興建的莫斯科捷運都符合了，所以捷運公藝術無疑地已經變成是辨識「地點」的重要方法，這就如同我們當初建造城市一樣，但是當80年代台灣要興建捷運的時候，反而卻忽視了這一點，所以我們顯然是把公共藝術當作藝術來做，這個是我想要提出來的。當然，無論是公共藝術還是藝術，這對公共都還是有幫助的，不管是在「空間地域」也好、是在「都市記憶」也好。

另外，如果拿這四個視角去檢視國外的捷運公共藝術，也不見得都完全符合啦！但是國外至少他們的出發點是很明確的，第一，它不想給自己惹來麻煩，所以它大部份都是壁面的；第二，他們設立公共藝術大多是已經有捷運了，所以他們不希望影響到既有的動線，同時也會去考慮到要好維修。總之，他們的目標是很清楚的。而反過來來看我們台北捷運，當初是捷運局做的，其間並沒有多去考量到後續的捷運公司要怎麼去管理維護，所以當然就可以想像到現在的這種不是很理想的情況！

而捷運對於市民的公共意識的關聯？就是要讓市民知道他們是擁有一部份空間的股權的，你不喜歡是可以反應的。妳知不知道那個「兒童的彩繪大地」（按，《藝術進站——捷運公共藝術》第49~54頁）不是被拆除了嗎？我完全沒有責怪任何單位的意思，

我的意思是公共藝術不是不可以拆除，公共藝術當然可以拆除，例如當這個東西放在那裡十年之後，我們覺得很糟，或者不適合再放在那裡了，或者維修的經費很貴，甚至會發生公共危險時，那就把它拆掉吧！這就如同一件市場上的藝術品，藝術家被淘汰了，沒有人要再買他的作品了一樣，還有博物館的展覽也是會替換的呀！所以千萬不要以為既然我們已放了一個東西就要永遠地放在那裡，也就是因為這樣所以我才會認為市府各相關單位應該要多去了解市民的喜好，或者我們當初是不是忽略了公共性？那麼我們有沒有機會再去問問市民？再去補強再去作修正呢？

　　像我在新竹市政府服務的時候（按，擔任副市長），其實很多廣場上都有獅子會所捐建的「鐘」，或者是教會捐建的「鐘」，後來經由聽取市民的意見之後我們就把它多拆掉了，因為市民多覺得如果我們把它拆除的話，這樣就會有一個比較清爽的廣場。（問：您說針對獅子會等所捐建的「鐘」之存廢有作一個徵詢市民意見的動作，請問您是用什麼方式去徵詢的呢？）當時有使用兩種方式，一個是民調，一個是蒐集媒體上的輿論。不過那是因為地方政府是民選的，所以自然在乎選票，所以有一套東西（機制）在運作，可是像捷運公司就較欠缺這樣的機制。（問：捷運公司每年度都有作關於旅客滿意度的調查啊？）可是，問卷裡面並沒有直接關於公共藝術的選項呀！所以問卷要設計的很好才行。總之，無論如何我的意思是說，第一，市民對於公共藝術的認知還沒被啟發啦；第二、就是我們也還沒有認真的去了解市民的感受。我覺得我們的世界裡面幾乎除了某些學者以外，沒有人在乎「公共藝術」，（問：都一直把「公共藝術」僅定義在「藝術」的範圍？）對！你看我們的評審那麼多，可是選出來的作品它的公共藝術性又如何呢？

　　至於捷運對於城市意象的關聯？就是「呼應」啊！（問：好像淡水線雙連站的公共藝術「雙連‧行遠」是比較符合「地點感」這個條件？）是有一點點啦，可是它也是我們自己所想像的地點感，它其實並沒有作到公共參與、它欠缺這個參與的過程！（問：那它與地面上的城市意象是否相干呢？）完全沒有！（問：那公共藝術的「地點感」是否一定要與地面上的意象相關呢？）嗯，其實也沒有那麼一定要啦，可是我覺得那是一個標準寬鬆與否的問題，但總是不能完全沒有基於「人性」的體悟啦！像雙連站地面上最重要的其實是捷運局、捷運公司以及馬偕醫院啊，可是它跟「馬偕醫院」卻可說毫無關係！當然囉，如果樣樣都要依照最嚴格的標準來看的話，那台北捷運的公共藝術可能就難有合格的作品了！另外這件作品還有值得提出討論的是，它打的燈光好差喔！非常的暗，是在突顯懷舊的感覺？還是不想要浪費電費呢？而且我覺得它擺設的位置也不好，那個地點並不是人會停留的地點！當然，這件公共藝術的永續性是最強的啦，因為它是「琺瑯版」材質，所以很好擦！（按，參見《藝術進站——捷運公共藝術》第37~39頁）

五、文化權是屬於重要人權議題之一，請教您對文化公民權的理解？也請您談談近年來在文化公民權領域有那些值得關注的議題？

　　如果說文化就是生活，就是食衣住行，那文化本來就是我們可以要求的，而且是應該要求的。其實，大致上只有公共的東西才能在我們的公領域胡作非為呀，因為是公共所以它才有權利在公領域作為，而也就是因為是這樣所以我們才應該要對它有所要求啊！我對文化公民權的理解就是我們現在有權利要求，除了給

我們路燈以外，還要給我們漂亮的路燈；除了給我們道路以外，還要給我們有品質的道路；除了給我們人行道以外，還要給我們舒適的人行道。

　　說到人行道，我對（台北市）馬市長就有一些建議，馬市長最大的政績之一就是把所有的人行道地面都換過，以前我們有紅磚道，但是紅磚很薄，剛鋪上沒兩天就破了，這是個一直被詬病的問題，所以大概到了陳水扁擔任市長時就注意到了這個問題，因為是民選的，所以開始想改，而一直到了馬市長任內就大刀闊斧地把全部都換成是混泥土的，又因為平平的怕人會跌倒，還特意壓上線條。而因為都是打得很深的地基然後再裝進混泥土的，所以萬年不會壞，但卻是非常沒有品質的，因為無論如何，這個紅磚道在我小學的時候就已經存在了，而現在我的年紀也不小了，換句話說它已經是台北市民記憶的一部份了，那這紅磚道也不算醜呀，為什麼要幾乎把它催毀呢？把大家的記憶都抹煞掉呢？雖然在這記憶裡面有一些是糟糕的部分，例如好比下雨天你會踩空然後一腳都是水等等諸如此類的，但是紅磚道也是全體市民的回憶啊，這樣全部都拆掉，不講主題、不講美感，走保守的路，這可是好像是第三世界國家才會有的現象啦！所以我說文化公民權的重點在那裡呢？就是我們除了實用（權）以外還要要求文化（權），而且我們還要理直氣壯的跟公部門講，這是我們的權益，我們繳稅不是要一個只能給我們最基本需求的政府，如果只是這樣那我們繳那麼多稅幹嘛？所以你要給我們有品質的施政內容。

　　你知道嗎？在法國有許多地方首長都有個壓力，他們都不敢用水銀燈（當然現在有LED啦），以前都要用鎢絲燈，為什麼呢？因為鎢絲燈是黃光，在晚上看會感覺比較溫暖，而水銀燈雖然又持久又便宜，但是市民不能接受白光，因為那會讓膚色看起來慘

白呀！本來看女朋友是愈看愈美麗，結果站在水銀燈下，好像看到鬼一樣，所以當地的市民都覺得，你們哪一個首長敢把燈換成水銀燈？我們就一定會怒吼，因為那是我們的權利。所以市民意識就是這麼重要的。（問：因為是民選的就會在乎民眾的觀感，而民眾也要有反應？）對呀，可是問題就在這裡，搞不好現在還有人在稱讚紅磚道換得好，所以這裡問題的癥結就是要告訴市民說，這個紅磚道不是不好，可是你應該要再讓它厚一公分，就跟中正紀念堂的大理石面板常常要換一樣嘛，那是因為厚度只有3公分嘛，若做成6公分就不會破了，其實3公分你換了2年了，你每年都要換嘛，那累積起來就6公分了。所以，公共藝術是不是比較偏向政治呢？是的，其實公共藝術跟政治一樣，那是一種凝聚市民的力量的過程，就是要跟政府講：市長！如果你再這樣的話，我只能給你60分。你是一個夠及格的市長，但是不是一個夠水準的市長？（如果是碩士班的話要70分才會及格喔！）就是要有這樣的呼聲啦！總之，關於文化公民權我的理解就是這樣子，除了有以外，除了我們最基本要求的品質以外，現在我們要求的品質是不一樣的，而這個品質是關於文化的品質的，這是我們應該要求的，這是我們的基本權利。

六、近來各界常提到「公民美學」的概念，是希望透過以文化藝術作為一個平台，來建構一個公民社會。請您說明對這個議題的看法？及如何有效提昇公民的「文化質能」？

我覺得「公民美學」在公共藝術這個部分，因為跟公共空間有關嘛，所以一定要讓公民能夠了解、能夠懂。這就好比我現在提供一個東西，如果你完全聽不懂，那你就會冷漠，就會感到有疏離感嘛，所以我要想辦法讓你注意、讓你喜歡，然後在你注意

之後，你就會慢慢地改變慢慢地被感化，從而你就會隨著這個改變而有所提昇。所以這就是為什麼要稱作「公共藝術」先「公共」後「藝術」的原因？因為至少要先有「公共」，才會覺得切身，然後再來談「藝術」。否則，當你設置一個東西大家卻都視而不見，那還談什麼「公共藝術」呢？我跟你講唷，如果你真正去作調查，你會發覺有很多人還並不知道台北捷運有公共藝術的設置，所以我也同意捷運的公共藝術是可以拆的、可以換的，因為公共藝術必須是要適合那個空間的，當如果台大醫院站那幾個銅雕系列作品（按，指「手之組曲」）有人不喜歡了，我們是可以把它拆除的；當某個公共藝術作品在幾年之後或者基於不好清潔等等原因，我覺得當然是可以換的，它應該要像博物館裡的展覽一樣，那些展示的藝術品是可以更換的，而且經常是換了以後大家反而會比較注意！

　　（問：那您認為捷運的公共藝術必須要像博物館一樣設置解說員嗎？）是要有宣傳啦！像捷運的票卡就沒有以公共藝術作過主題，那就做一套嘛，也可以讓大家來票選啊，這樣大家就會開始注意、就會知道捷運的公共藝術設置在哪裡了！我知道有很多人會收藏的！當台北市民不覺得自己是捷運公司的股東，當大家都把台北捷運看作是公營事業，就不會去參與就會有點對立啦，其實捷運公司裡面有官股，是有用到台北市政府的資源的，所以市民應該是股東，理論上，如果每位市民都知道自己是股東，說不定就會產生很有趣的互動，在台灣就是很少會去注意並且善用這樣子的互動關係，當市民是花錢消費的人，同時也是股東，甚至也是受僱者的時候，也許這樣台北捷運就會有更好的服務！台北市不是台北市長的，是屬於每一位市民的，我希望最後市民都能體會到自己也是member喔！

我跟你講呀，大概在1980年代，我之所以要去法國留學，很
重要的一個機緣就是法國有位重要的社會學者來台灣大學的城鄉
所（建築與城鄉研究所）演講，他講了一句很重要的話，讓我受
到刺激，他說：台灣是個沒有公民（市民）的社會！意思就是我
們社會沒有一個基準！事實上，夏鑄九老師也說得很好，他說：
urbanization without city，就是：沒有城市的都市化。我覺得以上
都是在講，我們關於城市的概念、公民的概念、公共藝術的概念、
公民社會的概念，都還很原始很年輕，都還有很大的進步空間，
這跟我們的國民平均所得，跟我們在世界上所處的經濟地位，都
是有很大差距的。我們都不知道財富應該要怎麼使用？所以還是
把錢放在床底下，生活並沒有改善，也就是說，我們在文化上其
實到現在都還是「坐擁金山的乞丐」！

**七、您在《藝術進站——捷運公共藝術》（第13~34頁）裡提
到，像莫斯科捷運為什麼要建置公共藝術，那是因為社會
主義必需要自圓其說（楊：嗯，炫耀！）；而美國捷運為
什麼要建置公共藝術，則是因為「新政」的緣故，為了要
創造就業機會；至於英國捷運呢？那是因為有個總經理有
這樣子的經營理念。總之，各國捷運設置公共藝術都有屬
於他們自己的社會基礎及其目的，但是看您書裡對於目前
台灣捷運設置公共藝術的論述，似乎就只提到法律是如何
規定的（楊：百分之一嘛！）而並未談及其他，想請教您
目前台灣捷運設置公共藝術的社會基礎及其目的是什
麼？**

沒有啊，就是沒有！我們是參考別人的，就是源自歷史的偶
然而有人把這樣的觀念帶進來，然後大家也都覺得還不錯，只是

深層的目的是什麼呢？我們也不是要宣揚什麼，就純粹只是還OK
啦，就這樣我們就做了。你這個問題問得很好呀！因此我們有個
「後見之明」，我們現在就提出「公民美學」去解釋十幾年前我們
為什麼要這樣做。（問：那十幾年前，當時我們還有沒有再更上位
階的想法呢？）主要就是大家想讓城市變得美一點，或者讓環境
變得美一點，因為我們的城市太醜了，可是當時沒有人想到說弄
了公共藝術之後也可能會變得更醜！現在有很多東西是「減法美
學」，其實「醜」要變成「美」不是加東西就好了。所以我覺得屬
於較深刻而穩固的社會基礎及其目的的這個部份是真的沒有！

　　（問：您覺得未來可能的發展會是什麼樣子？）如果從現在
開始想像，我覺得是「開始不耐煩」吧！我不知道會不會啦？像
我就覺得：捷運車站裡的廣告實在是太多了、過多了。還有像現
在捷運台北車站的指標已經夠多了，未來還要再加上高鐵、甚至
是機場捷運的話，那指標一定是愈來愈複雜的，如果再掛上那些
各式各樣的廣告，一定是會很亂的，而當人民開始不耐煩或者是
開始生氣的時候，我不曉得是不是有人會開始發出怒吼，說不定
會有這樣子的話題：「廣告可不可以少一點？」「環境是不是要清
爽一點？」「指標能不能弄得更清楚一點？」因為這些也都是基本
人權啊，要讓我舒服一點，不要讓我焦躁，例如因為廣告都用很
鮮艷的顏色，這會讓我很不舒服啦！至於這些呼聲會不會真的發
生？就且讓我們拭目以待吧！

　　（問：您在書上曾提到「向廣告學習」（第125頁），您的意思
是不是說因為廣告的設置它非常清楚自己所要吸引的特定目光、
與特定族群，而它也非常了解自己的設置目的是什麼？可是我們
捷運的公共藝術如果連為什麼要設置的目的都還不清楚不知道的
話，那又怎麼去吸引人們的注意與目光呢？）至少到2004年底這

台北捷運系統初期路網已完成的17件公共藝術作品，就真的可能都沒有深刻地去體會它們的設置目的是什麼？好像環境也沒有變得比較漂亮！然後地點感也沒有呀！人們也沒有因為公共藝術的設置而特別來搭乘。我跟你講個例子，至少「無尾熊列車」是會吸引人來搭乘的（按，88年11月13日開始參與正線營運，持續行駛1年），我就曾在捷運木柵線月台裡看到，有位媽媽要帶小朋友坐木柵線，小朋友堅持一定要等到無尾熊列車來，他才肯上去！像這就是吸引了某些特定的、死忠的使用者，無尾熊列車的目的性就很清楚啊！那捷運的公共藝術呢？它不但沒有帶來更多的乘客，相反地還可能增加營運的支出，這就是問題的所在。所以你說的很好，就是廣告有它的目的性，而且會運用所有的策略去強化它的目的性，可是捷運的公共藝術呢？

　　（問：我常在想，如果我們設置的公共藝術是要給小朋友看的，那可能在高度的設計上就要以小孩子的視線為主；而如果我們這件公共藝術是要以一個尋寶遊戲來作主題的，那就要把它故意放置在不醒目的地方啊！所以當我們知道設置的目的，我們才知道公共藝術要放在那裡？要怎麼做？是要吸引人們的目光的還是要「躲起來」的。）對！台北捷運到今天初期路網都已經完成了，後期的路網也已決定了幾件公共藝術作品，但捷運離下一期公共藝術的設置仍還有一段時間，其實現在來檢討策進正是時候。至於方式則可經由市民的參與市民的意見表達，來決定哪些作品是可以拆掉的？哪些地方要放什麼？或者通通都不要放？

專訪　中央研究院民族學研究所
余舜德副研究員

一、請您談談我們應該如何去定義「夜市」？該如何去定位「夜市」？

　　我想要直接去定義「夜市」是比較難的，如果用一個例子來說明可能會比較清楚些，我們一般所說的「夜市」是什麼呢？中國的社會生活從唐代末年開始就曾有皇帝詔令禁止夜市的進行，這意思就是說當時已有「夜市」的存在了，然後到了宋朝的時候，又有例如《東京夢華錄》、《夢梁錄》等等四、五本書裡面都有關於「夜市」的記載，而當時的夜市可能就和現今已相當類似。其實市場這個地方本來就有很多的活動，通常白天是「早市」，而「夜市」則大部份都在晚上進行，是中國社會常久以來在公共場所所進行的重要休閒活動，通常要到半夜或相當晚的時間才結束，就像今天的士林夜市，事實上它是24小時都在利用的。而夜市這項休閒活動尤其是以「賣吃的」是它一項很大的特色，我們今天所看到的夜市小吃，其實有很多在宋朝的時候就已經存在了，延續到今天其實沒有太大的改變。

　　至於說台灣人是怎麼去定義「夜市」的？這是一個滿有趣的問題！我過去在做研究的時候，常常在民調中會去問到：你們認為什麼是「夜市」？很多人常常回答：「夜市」就是個很熱鬧的地方。而如果我再問（某個特定的地方）這裡是不是夜市？他們可能說：這裡還不夠熱鬧。事實上會有這樣的說法跟中國傳統以來，認定到底什麼才是「市」是有很大的關係的。在台南的夜市你常常會聽到「成市」（閩南語）的說法，這是因為如果只有一些零星

的攤販就不「成市」了，而在晚上當有一群人湊在一起人氣逐漸聚集、那種熱鬧的感覺也開始湧現，進而有了討價還價及交易的情形出現的時候，那種夜「市」才開始出現，所以他們說「成市」（閩南語）就是指一個「市」開始有了。至於分散的攤販算不算夜市，其實是很難講的，因為如果這十幾攤你認為是算的，但很有可能當地人並不把它當夜市看，那如果是這十幾攤聚集在一起，又有一些人潮的話，當地人就有可能把它看作是夜市了。（問：您剛剛說的「分散」，那要到什麼程度才不成為「市」呢？）譬如說沿著一條街隔個2、3家才有1個攤販，當然這還要依具體個案情形才能下判斷啦。

　　（問：要成為「夜市」是不是一定跟「公團」的概念有關？）嗯，其實夜市有好幾種類型，通常像士林夜市的那種就可說是「固定夜市」，就是每天晚上在同一個地點，並且差不多是同一群人聚集營業；那另外還有所謂的「流動夜市」，這是屬於在台北縣或台灣各地的鄉下比較常見的型態。而值得一提的是，因為台北縣有很多是管制比較特別的地區，所以過去他們形成的方式就會有所謂的「公團」，「公團」是由人來組織的，用來解決黑白兩道對「夜市」的干擾，譬如說如果它是在一條街上，那可能就要跟店家或一般住家接水、接電，所以這個時候就有要付水費、電費等等的問題，此時團主就要挨家挨戶都去打點好啊！另外在南部有很多都是由廟宇直接來主導的，因為是在「廟埕」（閩南語）舉辦，而「廟埕」的管理者就是廟方，所以收的錢就變成是廟的公款，從而一般的說法都會分為是「公ㄟ」、或「私ㄟ」（閩南語），「公ㄟ」就是給公家的，就是給廟方、給地方政府的意思。又為什麼會給地方政府呢？那是因為有些地方是地方政府出來主辦的，譬如說公所前面有一塊空地或者有一些消防隊前面有空地就都有可能出

來主辦呀，然後收的錢就成為是公所或消防隊的公款。

　　（問：您剛剛提到夜市是在晚上所進行的市集，但是我們似乎無法精確地去定義夜市就是在幾點幾分開始營業的，所以夜市的「夜」是否是屬於一種「文化時間」的概念？）對！夜市的「夜」在時間上主要可分為兩種類型，一個是少數的大型夜市，它在晚飯前就會有比較多的顧客；另外一般的夜市則是在晚飯之後才是人潮最多的時候（當然還有一波是吃宵夜的時候人最多啦）。如果你到鄉下去看的話，那就更清楚了，鄉下人通常都是吃飽晚飯之後才會出來，大概是7點到7點半以後人才會漸漸多起來。另外還有一個問題是，「晚上」對台灣人來講到底是什麼樣（性質）的時間？這也是很有趣的。如果你到國外例如歐美社會的話，通常晚上是私人的時間，都是留給家人的，當你到歐洲尤其是北歐，5點多許多商業活動就都關門了，晚上百貨公司也是不營業的，當然啦南歐又不太一樣。那就台灣來說呢？在台灣，晚上一向就不是營業時間，是休閒的時間，在這個時段可以到公共場所去休閒，台灣百貨公司大多開到10點半，夜市可以開到12點、或是凌晨1、2點，所以夜市可以說是全台灣最普遍的休閒活動，如果把夜市的數目再加上夜市的人數計算一下，就知道在眾多的公共休閒活動中，「夜市」算是滿多人在參與的。

二、請談談目前關於「夜市」的研究有哪些重要的議題？

　　我想「夜市」的研究有很多不同的議題，第一，夜市是我們消費的地方，那夜市的消費它到底有什麼特色呢？這是一個題目。第二，就是夜市其實它是一個市場，那這個市場到底是形成什麼樣的銷售管道、與銷售的網絡？這也是另一個重要的議題。第三個就是在過去大家所常提到的關於「非正式經濟」的討論。

那什麼是「非正式經濟」呢？這個名詞是從歐美社會或南美來的，過去在台灣也愈來愈趨向這麼一個形式。它是相對於一些大財團資本家所設立的對總體經濟影響很大的大型企業而言的，因為在過去的台灣，（中）小企業當道，大型企業很少，大概近幾年來財團才漸漸侵蝕所有的製造業（manufacturing），再加上大型賣場的出現，造成（中）小企業很難再生存下去，不像在過去因為（中）小型企業當道，所以就有所謂的「非正式經濟」概念的出現。至於所謂的「正式經濟」則是指那些大型企業。（問：在台灣，大型企業和小型企業是否以有無課稅來作區分？）沒有！這個其實是理論概念上的說法，因此我們沒有辦法去一刀兩斷。其實「非正式經濟」也有很多的界定說法，一種是我剛才所講的大、小型經濟的不同，另一種則是以有沒有受到國家的規範來作區分的，像勞基法的整個立法過程就跟各該特定社會的勞工運動有很大的關係啊，從而大型企業就多比較偏向接受國家的規範，譬如也許就會有工會組織的成立，也會有員工固定的福利，那這些就是一般小型企業所沒有的。另外還有從國家管制的角度去看的，就是國家管不到的叫「非正式經濟」，它的另外一個名詞就是「地下經濟」。總之，雖然它有很多不同的名詞但是基本上都是在講同一件事情啦。然而這些小型企業在台灣扮演什麼樣的角色？它跟大型企業之間又是什麼樣的關係？這也都是值得探討的。

　　第四，就是夜市經濟與全球產業分工關係的問題。夜市的經濟型態其實跟全球化有很大的關係，舉一個最明顯的例子來說，在10年前如果我們去士林夜市，那裡最熱鬧的一條路叫大東路，那大東路的兩旁都是專櫃店，而那個時候衣服有所謂的ABCD檔，A檔貨就是所謂的百貨公司貨，是有在百貨公司設櫃的，它的品質比較好價錢自然也高很多；B檔貨則是可在大東路上看到最多的，以套裝

來講的話大概是1件2千元左右（當然同樣的東西在不同的夜市賣的價格也會有點不同啦），那B檔貨其實是由許多小型的製造廠商在做的。當時在大東路上以20坪的店面為例，裡面大約就有7、8家的專櫃，這樣的經營型態其實跟百貨公司很像，那店面的老闆也不見得有實際在經營，他可能只是單純在出租櫃位而已。而當年在大東路上，就有300家左右這樣的店面，它們除了少數有在賣A檔貨的以外，大部份都是在販賣B檔的。另外還有所謂的C檔貨，以前光在五分埔大概就有800家這類的地攤貨小型製造商。

然而在全球暨兩岸經濟的整合競爭之下，現在這些B檔、C檔貨的製造商卻都轉型成進口商，不再是製造商了，所以這些原來的B檔貨、C檔貨，都變成不是進口的韓國貨就是大陸貨。因為這些早期在五分鋪和萬華地區的B檔、C檔貨的製造商，現在事實上都是去日本的百貨公司拿樣品，然後再飛到韓國去訂貨，因為韓國有很大的製造業，他們鄉下還有很多廉價的勞工。不然就是走更便宜的路線，直接去韓國看貨拿樣品，然後再去大陸改裝最後再訂貨回來台灣。所以在這裡我們可以看到在全球化的過程裡面，我們到香港、日本去看流行，然後到韓國、大陸去改裝去訂貨，最後再運回來台灣販售（所以你可以從這些貨品中看到一些文化的影響）。當然這就會產生一個很麻煩的事情，那就是今天台灣的夜市竟然是中國大陸「非正式經濟」的訂貨源頭！

第五，另外就是夜市是一個能夠代表本土文化的地方，舉例來說，當國外朋友來台灣觀光的時候，我們一定會帶他們去夜市。像士林夜市就經常有很多日本觀光客及美國觀光團會去。第六，還有一個有趣的問題則是，夜市裡的「小吃」也是非常重要的。很多到過台灣的人，真正懷念的不是大飯店的菜，反而是這些比較微不足道的東西，就是夜市的小吃啦！那為什麼這些夜市的小

吃反而會具有特別的意義呢？它好像變成是台灣本土文化的代表
了！我覺得這個跟小吃在中國社會系統裡所扮演的角色是有很大
的關係的，通常我們指的小吃都是「飯」跟「菜」的結合，傳統
習慣都是吃飯配菜的，小吃像包子、水餃、蚵仔煎等等，都是澱
粉類的東西，這些小吃在一般的家庭生活中作來都比較費工，所
以比較不常吃得到，而且很多都是屬於在特別的節日才會出現的
東西，也就是說，小吃有它的象徵意義。還有，我們可以看到古
早在鄉下辦桌的時候，其實是連炒麵都會出現的，另外在婚宴裡
有一樣菜色叫「早生貴子」，其實也是一種小吃（甜湯）。其他像
是「半桌」（閩南語），就是吃到一半的時候會送點心，像是炸的
春捲、蝦捲之類的，它也有象徵筵席已吃到一半的意思。總之，「小
吃」在文化上是賦有比較特殊的意義的，並且它也跟地方結合而
富有本土的意涵，像彰化肉圓、台南担担麵等等。最近我看了一
本《發現台灣小吃132家》（按，太雅出版社，1999年5月），它介
紹了台灣132家有名的小吃，而根據統計其中就有47家用了Q這個
字來形容（描述）小吃，像肉圓要Q、蚵仔煎皮也要Q，什麼都跟
Q有關，而這口味的技術外國人就比較難做得到，所以這也是「小
吃」的特色之一。

三、「夜市」未來值得關注的發展趨勢有哪些？

　　首先，過去在台灣失業率很低的時候，其實夜市攤販有很多
是自願去當攤販的，因為覺得夜市攤販比較容易賺大錢，當時尤
其是在一些大型夜市裡的攤販，的的確確他們有很多都是學經歷
非常高的。也就是說，在那個時候其實有很多人都是主動放棄原
有的工作而去夜市當攤販的。像有公務員就覺得自己拿的是死薪
水，倒不如去夜市裡擺攤還賺得比較多比較快。另外有些媽媽則

是比較需要一些零用，譬如說小孩子都長大了，家裡的開銷也變大了，晚上就去「夜市」做一些小生意來貼補家用，有的生意好的晚上還會全家總動員都在做喔！可是近年來我們可以發現，台灣的失業率已經增加到百分之5了，所以相信有一些攤販是因為失業才出現的，而他們在路邊擺攤的可能更多啦，因為比較大型的固定夜市，都很難再有空位了。所以現在的「夜市」可能是在「再生產」台灣的失業勞工，也就是說失業的勞工可以在還沒有找到工作的期間，去夜市做一些小生意來維持生計，如果說就業市場能夠再復甦些的話，他們就可以再回去。那這個是近年來比較明顯的議題趨勢，因為「夜市」過去在這方面的角色扮演是比較不明顯的！也就是說，如果台灣的失業率愈來愈嚴重的話，那夜市所扮演的經濟角色可能就會愈來愈形重要！

　　再來就是，政府的取締與管制政策的問題。夜市其實長久以來就已存在，在日據時代夜市甚至是合法的。不過到了都市現代化以後，因為夜市阻礙了交通、也製造了地方的髒亂，所以政府就開始管制取締了。其實即使到今天，在台灣都還沒有真正的專門針對攤販的（中央）立法，所以現今據以取締夜市攤販的，主要還是有關妨礙交通的法律。至於有關合法的與非法的攤販的問題，其實過去在台灣，攤販的資格是要貧戶是要沒有家產的，而且理論上是不能傳給下一代的，可是實際上符合這樣資格的人實在非常非常的少，所以合法的很少，再加上有登記的也是很少的。例如大概在民國70幾年的時候，台北市政府就曾作過普查，登記有案的攤販全台北市加起來也不過才幾千攤，但是台北市實際上大概就有5、6萬個攤販，所以合法攤販的數目是非常低的。況且這些合法攤販是連經營小吃的都算在裡面的，所以實際上數目就更低了。至於說有沒有真正合法的夜市呢？在早期幾乎是沒有一

個夜市是所謂的真正是合法的，直到「饒河街觀光夜市」的出現，「饒河街觀光夜市」其實是在一個很有趣的情況下成立的。饒河街本來是一個沒落的地區，當地的地方人士希望能夠興盛，讓當地的活動都可以回春，所以就申請成立了「饒河街觀光夜市」，這是全台灣第一個用「觀光夜市」為名所成立的夜市，他們當初找了一些學者來規劃，譬如有統一的劃位，或是有交通指揮、有停車場，其中還有一項很重要的就是，它結合了一些民俗與傳統技藝的表演，例如舞龍舞獅、還有打陀螺等等，如果要說到真正合法的夜市，那大概「饒河街觀光夜市」就是唯一真正合法的了。

後來就又有「華西街觀光夜市」的出現，不過「華西街觀光夜市」變成是一個問題，因為它是市政府「在違建上面蓋違建」。華西街兩邊的攤販原本就是違建，其後經過整理整合之後就變成是一個大違建，所以從此之後，市政府就不敢貿然再用觀光夜市的名義繼續去設置夜市了。但問題是，政府又不能把夜市完全清除掉，因為如果今天把這些人全部都趕走的話，那犯罪率說不定會增加喔，因為太多人失業了嘛！所以過去政府的攤販政策，一般就是睜一隻眼閉一隻眼，另外就是不定時的加以取締，所以會造成一些攤販跟警察之間形成某種默契，換句話說就是形成某種的「制度」啦！而所謂的「制度」就是由夜市自己成立一個組織，然後自己來管理當地的秩序，有糾紛自己內部解決，還有要管制不要再讓新的人進來，這樣夜市才不會愈來愈大進而妨害到交通，並且還要收公款僱人來清掃這樣才不會髒亂，或者是說當警察有開單告發的壓力的時候，他們就講好一個月要開多少張，這樣形成一種默契兩邊就可以相安無事了。大致上這就是這樣的管理方式。

相對地，比較沒有「制度」的地方，當夜市結束之後就要由政府的清潔隊去打掃，同時在警察沒有去管理的時候就可能有黑

道會趁機介入，而這樣就會衍生出很多管理上的問題，事實上這些問題到今天都還是存在的。而台北市，在馬英九擔任市長之後，大概近1、2年就開始宣示了不一樣的攤販政策，這新的政策是說，要將以往視為社會救濟之一的攤販政策轉換成商業管理，「管地不管人」，開放給市民登記。所以這意思是要承認既有夜市的存在，市政府只管地方不管內部的攤販，內部的攤販就不再大力取締了。而就是在這樣新的政策底下，運用政府的力量去管理夜市，所以才陸續有一些例如通化街觀光夜市等新的觀光夜市的出現。

　　第三個重要趨勢就是，夜市它到底在幫誰賣東西呢？這也是要予以重視的。以前夜市它是用所謂的「切貨」的方式，在幫台灣的中小企業，就是所謂的「地下工廠」賣東西，也就是由它來負責幫中小企業銷售賣不掉的貨品或瑕疵品（甚至百貨公司的貨把牌子剪掉也轉由它來賣）。可是現在台灣的話，中小企業全部都消失了，夜市等於是全在幫韓國或大陸在賣東西，所以我們看到現在的夜市是愈來愈糟糕了。一個就是說大量的連鎖店進去夜市裡面販售，像Giordano或Hang ten；另外一個就是早期的A檔店會進去裡面，至於以前的B檔店全部都沒有了，剩下來的都是在賣批來的299、399的便宜貨，所以夜市到處充斥著一堆D檔的貨品，夜市貨的品質正在持續降低之中。

四、您認為夜市對於「人」而言，有哪些功能？又有哪些影響？另外，對於外國人（包括來台工作的外勞、嫁到台灣的外籍新娘）來說，夜市在文化意涵上是否代表著特殊的意義？具有哪些值得關切的功能？

　　我想對於台北市的人來說夜市的功能（或影響）是有正面、也有負面的，我在做訪問的時候很多人都喜歡夜市，但是因為髒

亂的關係，很多人都不願意夜市就在自己家的旁邊。而對消費者
來講，(逛)夜市其實是一種夜間的休閒活動，很多人到夜市其實
不見得是要去買什麼東西，也不見得是要特別去吃什麼，大部分
受訪者的回答都只是到夜市逛一逛！不是有一首閩南語流行歌曲
叫做「迺夜市」嗎？基本上就是去逛一逛的意思。

　　而其實晚上去逛夜市很重要的一點是，那是一個人擠人的地
方，人愈多愈擠就愈熱鬧愈好，若是冷冷清清的那就沒有意思了。
當有人擠人的那種感覺的時候，夜市才會變得有趣。像士林夜市的
大東路，商圈其實是有兩排攤販的，如果遇上警察來取締的時候，
這時兩排攤販就都沒有辦法做生意都跑去躲起來了，而這個時候的
夜市反而是最不好玩的，因為很多人走到這裡由於空空盪盪的緣
故，所以就快速通過一下子就都走到後面去了，而這對店家來說反
而無法營造出熱鬧的氣氛、所以反而會比較沒有生意。不過，雖然
對大部份的人來說，逛夜市主要的還是在於閒逛的樂趣，不見得有
什麼特別的目的，但是夜市除了休閒的功能以外、還是有吃消夜、
跟買些日常用品買些衣服的功能的，特別是在過去當人們買不起名
牌貨、百貨公司貨的時候，夜市倒可以以中等的價位或是較便宜的
價格買到很多流行性非常高的商品（尤其是衣服）。

　　至於，對外勞及外籍新娘的這部分，其實我並沒有研究，因
為我對夜市的研究主要是以1990年代左右的現象為主，而在當時
外勞及外籍新娘的問題似乎還沒有那麼的全面，所以我並不是很
清楚。倒是針對「夜市」是外國旅客來台必去的觀光景點的這個
問題，依據交通部觀光局所作的「92年來台旅客消費及動向調查」
及「93年來台旅客消費及動向調查」，連續2年「夜市」都是來台
旅客主要觀光景點的第1名，比故宮博物院的第2名排名還要更前
面。而這個票選結果就正意味著什麼才是能夠代表台灣本土的地

點。當然，其實也只有少數的像是台北市的士林還有華西街這兩個比較大的夜市，才比較能夠吸引來台的觀光客前去啦！

　　另外，我覺得比較值得一提的是，當夜市「觀光化」之後，是不是更能夠吸引人呢？這其實是一個滿有趣的問題。大家去夜市其實是去人擠人，事實上髒亂的另外一面就是熱鬧的來源，很多人因為覺得夜市其實是一個比較不強調秩序的地方，所以往往只穿著拖鞋就可以去了，只穿個短褲就可以去了，在鄉下小孩子甚至是穿個睡衣、內衣就去了，總之，人們就是認為夜市是一個放鬆、自由的地方。所以當華西街夜市一整頓完成以後，我再去訪問，很多消費者就都說它已經失去了原來的特色了！而如果是這樣子的夜市那跟百貨公司還有什麼差別呢？還有，華西街夜市吸引外國人的地方，本來就包括蛇店、甚至是現場殺蛇等等情境在內，而這部分現在又受到野生動物保育法等規範的節制，從而也使得原來的許多特色都沒有了。

　　總之，政府的一些管理作為是可能會造成適得其反的效果的！當然，我的意思不是說政府不能管理，而是管理總要把握住夜市吸引人的地方，這才是重點，而不是一味地直接引進西方現代化的方式去處理，就像士林夜市當初還在計畫改建的時候，文化大學跟當地的學者專家、地方人士他們就都說的很清楚，他們不要一個密閉的建築，這樣它（夜市）就「死掉了」。因為當初原來的改建計劃是想把攤販移到一個建築物裡面去的，然後把日本時代留下來的磚房，改建成類似現代化的一個shopping空間。雖然這樣在某一個程度上是把傳統留下來的東西給精緻化了，但是這樣做對士林夜市是好是壞其實是很難講的，因為這樣原本屬於台灣夜市的特色就會走味（閩南語）、消失了。

第五單元

全民都市書寫

提　綱

1、請您談談對城市書寫的理解？近年來有那些值得關注的議題？

2、您認為「官方」城市書寫和「非官方」城市書寫有何不同？

3、數位化的普及與網路城市的崛起，對於「城市的流動」有什麼樣的影響？

4、王老師您曾在《中外文學》負責編輯「都市文化治理專題(Urban Cultural Governance)」，請談談「文化治理」目前有那些值得深思的議題？

5、請您談談「地方意象」、「地域意義」及「流動地景」這三個概念，以及其彼此間的關係為何？

6、各縣市化局常舉辦「文學獎」，並以城市街道為主軸，撰寫自己在城市裡最熟悉或記憶深刻的一條街，或寫著給摯愛的人與家園的城市故事。請談談對書寫城市的理解？近年來與城市相關的文學有那些值得關注的議題？

7、您認為都市文學對於一個城市的意象及市民公共意識的形塑能發揮什麼影響或作用？

8、我們在很多的文獻中可以看到「都市書寫」、「城市書寫」、「公民書寫」、「市民書寫」等，看似一致？或相關？請您說明它們之間的關係為何？另外請談談「都市書寫」在學界的定位？以及未來的方向是什麼？

專訪　世新大學社會發展研究所
　　　王志弘副教授

一、請您談談對城市書寫的理解？近年來有那些值得關注的
　　議題？

　　就一般人的印象來說，經常覺得城市書寫應該是指以小說、散文等方式去描寫對城市生活的觀感（這或許是受到近年來台北市政府舉辦的公車及捷運詩文徵文比賽的影響），但是我認為，談城市書寫應該不要侷限在「書寫」這兩個字。事實上，我們可以做比較廣泛的界定，像是包括照片、紀錄片，甚至是官方拍攝的宣導短片等，這些以各種描繪手法呈現的內容，大概都可以算是「城市書寫」。另外，像是一些為了某特定目的而製作的地圖，譬如說給觀光客看的地圖，或是社區居民在從事社區營造時繪製的地圖，也都是對城市、尤其是對自己生活週遭環境的一種書寫或描繪，也可以算是「城市書寫」。總之，我會用比較廣義的方式來界定「城市書寫」。

　　至於比較值得關注的議題。首先，像剛才提到的社區營造，除了鄉村地區以外，在都市裡面其實也在進行，這就會牽涉到對城市書寫的理解，因為我們在談社區營造，或是地區環境改造計畫的時候，乍看之下好像只是單純地考慮我們的生活環境有哪些需要改善的地方，像是台北市永康公園的例子等。但是，我覺得社區營造就是對城市的一種新的認知方式，而這種新認知方式經常會伴隨著各式各樣的城市書寫。然而，不管你是畫個圖，或是用文字或影像去描繪它，其實不管是用什麼立場或用什麼方式，描繪的本身就是關注我們生活環境的開始，在這個過程中就會產

生所謂的「反身性」。就像當你投稿參加公車及捷運詩文徵文比賽的時候，你就會開始思考，我對這個城市的感覺是什麼？在這裡面就會有一些新的感覺與新的反省出來！所以，像台灣近來開始在談社區營造時，這種對自身生活環境的關注，通常就會與城市書寫結合在一起。

再者，就是文化方面的課題，尤其近年來，各地方政府都成立了文化局，他們都會從古蹟保存（指定古蹟）、籌辦一些藝文活動，乃至於更直接地去強調庶民記憶的描寫等面向去努力。具體來說，譬如以前官方可能像《臺北畫刊》就會著重在政令的宣導部分，可是，近年來這份刊物也會開始關注如何重新看待歷史，或是民眾的記憶。以台北市為例，這跟市長改成民選，就有很大的關係。因為他必須開始注意選民結構的問題，或是必須提出一些能夠吸引選民關注的東西。另外，屬於民間的地方文史工作者，也會開始對地方或整個大環境的議題投入更多關注。所以，在這樣的脈絡底下，也會有很多城市書寫出現。

另外，就是文化產業，現在台灣很流行談這個，在這些談法裡，也會跟特殊的城市書寫有所關連。例如，站在官方立場想要振興地方發展的話，就會去提倡、塑造地方特殊的意象；會透過聲光影像或運用各種手段，來塑造一個有魅力的、獨特的城市風格。而透過對文化產業或庶民記憶的重視，都會將各式各樣有關城市書寫的產品引發出來。

當然，上述這些議題還可以談得更細一點。因為如我們剛剛所說的，城市書寫是關注我們的環境的話，這裡面就會有一些課題。例如，這些眾多的城市書寫到底是在寫「誰的歷史？」；或者說，誰擁有這個城市的書寫、傳播或發表的管道？像我剛剛經常提到官方，那是因為如果我們要談文化權的話，那在議題的設定、

城市是什麼模樣等問題上，各個地方政府（像台北市政府早期是新聞處，後來是文化局）其實都做了很多這方面的東西。也就是說，官方在實際上主導了這個城市是什麼模樣的呈現方式，並掌握了整個文化的詮釋權。

然而，由於市長民選的緣故，所以這樣的文化詮釋權當然也會關注各式各樣的選民。我們也會看到比較細緻的做法，像是勞工局就曾經把外籍勞工特別突顯出來，製作了「外勞文化地圖」，或是舉辦「外勞詩文比賽」。也就是說，地方政府會注意到特殊的群體，但這些都還是屬於比較一般性的，我們並沒有進一步看到更細緻的有關城市生活異質性的施政作為。因為，所謂的「都市」，就是各式各樣不同的東西很密集的匯集在一起的地方；也就是說，多元並置跟異質性，就是「都市」的決定性特徵。面對這具異質性特質，而且不斷變動的城市生活，其實任何城市書寫都是力有未逮的，也就是城市書寫只能夠呈現出局部的面貌，或是只能看到特定關注下的事物。當然，從官方角度來看的話，它畢竟是較會站在比較正面的、光明面的角度去描繪，比較不會去突顯出特定的問題和衝突。所以，如果說官方當前仍然比較佔有城市書寫的主導權的話，那麼，我們要關注的就是城市書寫到底是呈現出什麼樣的形象？以及這些形象是不是掩蓋了一些我們可能更需要去注意的事情？

另外一個主導了城市書寫，而且我們不能忽略的力量，其實是在於媒體，尤其是透過媒體商品化的訊息所呈現出來的城市形象。這個媒體可能是電影、也可能是電視。例如，許多好萊塢電影便深深影響了我們對紐約的想像、對巴黎的想像，因為我們大概都是透過這個媒介，好像眼見為憑一般，可是它其實是經過選擇的結果。又如有更多部分是商品化的媒介，比如說，電視廣告

　　裡面描繪的都市生活。比較有趣的就是台灣的便利商店廣告其實打得滿厲害的，它所描繪的那種都市生活，有時並不是在販賣商品，而是販賣對於理想生活的理解，很多都是放在都市生活的背景裡面，可是它呈現的又是什麼樣的城市風情呢？其實，這些都在在影響了我們對城市生活的認識。當然，這些影像或訊息的力量非常強大，它們往往排山倒海而來，到處都是，很多時候甚至取代了我們自己對城市的實際體驗，讓我們覺得影像或訊息裡的那種生活才是真實的，至於我們自己的生活則是讓人覺得很卑微、很不起眼。影像或訊息裡的樣子，才是我們要去努力的目標，我們自己的生活則一無是處。我們反而會有這樣顛倒了生活和媒體形象的狀況產生。

　　總之，城市書寫大概有兩個層面。一個是比較屬於官方生產的部份，另一個則是在一般日常生活中，透過媒體或是商品化的影像，所傳達給我們的有關城市生活的想像衍生的相關問題。以上大概就是我們在思考城市書寫的時候，可以去思考的課題。

二、您認為「官方」城市書寫和「非官方」城市書寫有何不同？而「城市書寫」與「都市書寫」又有什麼樣的差異？

　　嗯！其實我會這樣看，當前官方和非官方的界線是有點模糊的。一般我們會覺得官方好像就是指政府，非官方好像就是政府以外的事情。可是，現在的各種活動，尤其是跟公共事務有關的活動，通常都由所謂的官方和民間共同參與舉辦，所不同的最多只是主導力量比較偏向那一邊而已。當然，官方還有另外一個意思，就是我們常常說的官方說法，就是表示是檯面上的說法、正式說法的意思，那這就意味著官方和非官方是正式及非正式、檯面上及檯面下的不同。然而，這個界線其實也是很不清楚的。

　　因此，如果覺得這些界線都不夠清楚，那我們就應該回頭去思考，到底有沒有所謂的官方城市書寫及非官方的城市書寫？事實上，會問這樣的問題，是否即意謂著我們期待一種比較不一樣的，跟現在所謂的政府的、正式的、檯面上的書寫方式比較不一樣的描繪方式？如果我們的確是期待一個不同於主流的描繪方式，我們就必須重回原始的脈絡裡來觀察。其實在早年，比較明顯的就是所謂的官方說法或是官方版本的城市書寫。我們就以歷史來舉例好了，「歷史」它具體表現在各級學校的歷史教科書裡，那就是很明顯的官方說法，是官方對於歷史的種種事件的一個看法。這其中當然含有官方及一些跟意識形態有關的觀點在裡面。相形之下，近年來在談城市書寫的時候，內容方面確實有很多人刻意去強調所謂的「庶民」生活這部份，而這部分是我們日常生活中小市民所關切的，不見得是要非常嚴肅，或是展望一個很大的結構性的未來鴻圖；而是日常生活中食衣住行這類很細瑣的，可是對我們很有意義的事情。

　　所以，如果這樣來談的話，官方與非官方城市書寫的第一個不同，就是書寫內容的部分。在這部分，非官方的城市書寫可能就會考慮比較周遭的、鄰近的、私密的、親切的生活環境的事情。在表現形式上，它當然也比較隨意，而且有更多可能性，甚至容許一些比較前衛的做法；或者是說，把生活中一些通常不會拉在一起的元素放進去。然而，在官方城市書寫裡，尤其在早期，就比較不會出現那種屬於常民文化的東西，例如檳榔攤閃爍的霓虹燈。因為這種美學形式可能會被認為是不入流的。當然囉！我要強調，現在這種界線其實也變得很模糊，如果你去觀察某些官方的東西就會發現，已經有刻意去挪用一些屬於常民生活、庶民生活的元素，並且刻意去強調一些有深厚草根氣息的東西。

　　除了關注的內容與表現形式的差異外，就我的觀察而言，它們之間最大的差異應該是在立場的部分。也就是說，你是站在什麼立場來看這個城市？（或是來談這個問題）。比如說，是採取批判的立場、還是反省的立場？像官方一般就比較會去描繪未來藍圖或遠景，去指稱當前的城市是多麼美好，像台北市很多宣導短片就是這個樣子。再譬如說，你可能站在比較弱勢族群的立場，例如從遊民的角度來書寫城市，或是從你的立場及角度來看遊民，這就跟官方來看遊民是不一樣的。另外，你站在身心障礙者的立場，去思考對他們而言，城市的經驗是什麼？去描繪他們對於城市的感受，但這還是有可能跟他們的實際處境有很大差異。更不用說，如果你是從中產白領階級、中高階級主管的生活模式來描繪城市生活，其間就會有更大的不同了。

　　至於「城市書寫」與「都市書寫」的差異？其實沒有什麼差異，只是英文上我們是用Urban還是City的問題，Urban其實是一個形容詞。比如說Urban Writing，就是都市書寫，那城市書寫就是用City這個字，其實是差不多的，沒什麼差別。雖然我們在中文的脈絡裡面，可能會覺得都市好像比較大，城市好像比較小。中國古代很多地名就以城為稱呼，可是不要忘了，還有「都」這個字，其實中國古代就有在用了，雖然「都」這個字確實是用在比較大的城市或首都，比如說東都、京都等等（「京」跟「都」都是用在比較大的城市或政府所在地）。相對的，「城」好像就比較一般，可是其實也是經常混用在一起。所以，如果硬要區分的話，都市經常是跟都會Metropolis並稱，或是用在比較大的城市。總之，我們說台北是一個比較大的都市也可以，那你要說台北是一個城市，也沒有錯。

三、數位化的普及與網路城市的崛起，對於「城市的流動」有什麼樣的影響？

　　一般標準說法都是認為網路可以帶來更多便利，以後不出門就可以購物，或者不出門就可以擁有各式各樣資訊。像目前台北市、高雄市也都在建置數位城市、無線上網等等，他們要描繪的就是一個「網路新都」；另外，包括政府的E化，就是電子化等等，好像都還跑得滿前面的，也就是說，很多訊息確實可以從網路上找尋。但是，這裡面可能有兩點需要注意，第一，就是我們好像不應該過於單面的去強調，當前乃至於未來的城市網路，會佔有一個絕對支配性的地位，好像什麼東西都可以在網路上解決，包括現在有些購物網站的廣告，都不斷地在傳達這樣的意象；它們利用有趣、有情節的廣告，描繪你其實只要待在家裡不用出門，就可以解決生活上所需的一切。但是在城市裡面，就像我先前提到的，城市的一個最重要特徵，就是各種異質多元的人與事物匯聚在一起，而且匯聚在一起以後，它可能就有各式各樣的可能性。如果是這樣子的話，那我們是否可以放棄非網路的、就是真實生活的人與人的互動呢？相反地，是否我們更要積極的開放這種不同的人、甚至彼此陌生的人，相遇匯聚的這種場合，使得公共空間，像西門町這樣的地方。也許不必透過談話，也不必有實質的互動，卻可以看到非常多樣的人活生生出現在你眼前，這就是城市的異質性，你可以看到外籍勞工、還有年齡膚色不一樣的人的活動。可是，如果我們只是關注網路，好像我們只生活在一半的世界裡面，即使網路裡的資料好像一般主流想法都愈來愈重視它，可是我們好像卻放棄了另一半的世界。更何況，就實際的功能而言，也很難想見一個城市可以完全由數位流動的網路空間來

取代。所以，我們除了要關注各種資訊及網路的流動以外，還是要回頭去看，隨著這些流動的發展，那種相對地不流動的或是非資訊的、非網路的這個真實世界，它是確實存在的，而且是值得我們關注的。以上是第一個要保留的意見。

第二個要保留的課題就是，尤其是台北和高雄分別推動的「網路城市」或「數位城市」，它其實跟城市生活的其他很多面向一樣，在公共資源的使用或政策決定的背後，其實愈來愈有一個朝向所謂「網路資本主義」傾斜的現象；換言之，這些都是龐大的商機，也就是說，我們會期待由官方來建置這個無線上網的網路，或是由民間業者來做，或是採BOT的方式來進行，但是其實都不脫是一個營利單位或是營利活動。也就是說，網路愈來愈便利，正意味著我們愈來愈多受到這些商業化資訊的影響。我們坐在家裡面，就有很多各式各樣的訊息來到面前，以後這種訊息就是滿街都是，因為可以使用無線上網，更為便利的電腦到處都可以連通，包括手機、PDA等等。

總之，在談有什麼影響之前，可能比較保留的意見，一個就是除了流動以外，是否還要談到尤其是網路以外的、依然很重要的真實的世界，我們千萬不要忘記它的存在。另外一個部份就是，在所謂的數位化或網路城市裡，它背後的動力是什麼？數位化或網路城市雖然帶來得到很多資訊的便利，可是這些都是什麼樣的資訊？它是不是反而帶來更多主流觀點、帶來更多主流描繪城市的方式？也就是說，它帶來的可能只是數量很多，但其實都還滿單一的城市書寫方式，因為能夠掌握這種資訊媒介，能夠提供這種資訊媒介內容的，基本上還是由官方或是比較大的財團來主導。

有了以上這兩點保留意見，再回頭來談有什麼影響的話，就可以猜得出來我要講什麼了？首先就是，有些人會認為數位化或

網路化會使得大家愈來愈待在家裡，然後都不出門，然後，好像這樣子城市交通就會變好。其實不然。因為就像我剛剛談到的，我們其實仍然很難忘懷在真實空間中跟人類接觸的需要，或者，以shopping這件事情來看好了，在網路上按著滑鼠瀏覽、點選各式各樣商品，當然是一種樂趣。可是，在實際的商業空間，例如台北的信義計畫區、東區，用自己的兩條腿走來走去，遊逛，看人看商品，也是一種樂趣。所以，我覺得它很難完全取代。即便是從過去的國外實證研究來看，也不見得有那種「以後大家都在家工作，不用通勤，所以交通就解決了」的說法。你還是會有其他在城市空間移動的需求。也就是說，談到未來的那種想像，認為大家都不用出門，都可以用網路傳遞資訊互通有無的生活方式，目前從各種研究來看，好像不完全是那樣。

再者，數位化或網路化可能乍看之下是便利的、有更多樣更多元的訊息，或者，像是電視也要數位化，然後有各種隨選機制，似乎可以增加個人選擇頻道的自由，即將有個符合小眾市場需求的年代要到來。可是，現在已經有很多學者在思考，他們稱為「部落化」的現象。就是說，每個地方都有自己的小部落，它是獨特的嗜好、獨特政治立場的小群體，它好像是一個個部落一樣，彼此間缺乏一個共通的基礎來相互溝通。

譬如說，以前電視只有三台，像八點檔連續劇熱門的話，收視率可以到30、40左右，也就是說，全台灣有30到40百分比的人在觀看，那麼這些有共同觀看經驗的人，就可以彼此討論。多年以後，它就會成為一個共同的記憶，就像我們現在常常在談的所謂的五年級、六年級，他們對小時候的一些連續劇呀、卡通影片等那種共同的記憶，就是奠定在這種共同觀看的基礎之上。相對於過去的那種共同性，如果就城市記憶的基礎來說，現在就變得

比較碎裂、分裂，或者說是變得比較部落化，比如說，現在有很多電視節目收視率都只有１％～２％，這麼一點點，正意謂了就是一小撮人在關注自己生活上感興趣的部分。也就是說，在這種網路數位化的技術條件下，我們必須關切的就是，它是否造成了一個比較碎裂、分裂，或是比較內向的社會？而這個社會是否只是關注自己或自身群體在意的一些議題，缺乏比較共同的集體記憶，也不會去關注比較公共的層面？因為，即使城市裡面有千差萬別的各種人，然而就整個城市來說，它還是有一個集體的節奏，或者說有集體的、會影響這個城市生活跟裡面居民的一些事情，所謂的公共層面、公共事務的層次。

　　第三，當然，前面提到的商品化也是一個影響。另外，如果站在像我們前面在談城市書寫是由誰書寫的？為誰而寫的？是寫誰的事情？等角度來觀察，那麼，在這個有所謂數位落差或數位差距的時代，也就會有像是誰能夠擁有上網或連結的機會，或是誰能夠擁有這些器材、這些能力等問題。

四、您曾在《中外文學》負責編輯「都市文化治理專題」(Urban Cultural Governance)，請談談「文化治理」目前有那些值得深思的議題？

　　我那個時候所談的文化治理，比較是從官方角度來談的。近年來，各地方政府的文化局都在做這些事情，也就是透過各種文化活動或手段，甚至是策略性的來從事都市治理工作。當然它們最基本的做法，就是從官方角度去塑造特定的城市生活版圖，或是未來發展的藍圖。這裡面，也包括我前面提到的把城市的各種不同群體的記憶都放進去。在這些堪稱官方文化治理的各種具體做法裡面，不管小到舉辦社區型的藝文活動，或指定某些地方層

級的古蹟，或是委託古蹟活化（閒置空間）再利用，或者建立（廣設）一些更大型的新文化展覽館等，這些各式各樣的文化施政內容，都會牽涉到這裡面官方所支持、鼓勵的是什麼樣的價值觀，或者是什麼樣的文化表現形式的問題。

　　當然，我們也可以觀察到，近年來台北市的文化治理，或是台灣各都市的文化治理，都有愈來愈跟文化產業發展連結在一起的現象。也就是說，我們好像一談到要恢復對城市的記憶，或是要去強調各群體對城市生活的感受，以及各群體的各種文化想像，就免不了會與促進地方發展作連結。簡單的說，就是文化不但可以賣錢，還可以塑造地方的良好形象。當各個地方都在謀求振興文化發展的時候，如果我們採取比較批判的、或是反思的角度來看這種趨勢的話，那麼在這個由文化本身連繫上文化經濟或文化產業的趨勢裡，終究指向的還是那個誰獲利的問題。例如，我們可以看到，各個地方都在舉辦根據當地自然人文的特殊景觀或是物產的活動，比如說櫻花、油桐花、鮪魚等等，甚至是媽祖，什麼東西都把它跟文化牽連在一起，但是它實際上是想要促進觀光產業、促進地方發展，所以在這個時候，我們就要去關注這種趨勢帶來的利弊得失是什麼？

　　即使是屏東的鮪魚季，雖然生意很好，遊客很多，可是獲利的經常只是抓鮪魚的漁民，還有拍賣鮪魚的大盤商中盤商、經營餐廳的業者等等，這些人佔總人口數其實不多。雖然遊客有數十萬人，可是從實質獲利來看的話，也就只有這些人得利。至於那些家裡不是開鮪魚餐廳的一般居民，他們其實經歷的大概是一大堆人湧進來造成的髒亂、塞車呀。當然，我們不能否認這個過程中所可能引起的屏東居民的地方認同感的提昇。畢竟，對於當地一般居民來說，我們這邊有這個特產，受到全國的關注，那當然

很好！可是實際上，他是否有獲得實質利益，或者說，這些利益的分配是如何呢？這都是值得去考慮的。

　　總之，各種案例大概都要去思考這個問題，即使是以文化來包裝的各種產業的發展，或是整體經濟的發展，也都並不意謂著它就比過去的那種製造業好！我們總覺得製造業好像就是高污染、是低附加價值、是不好的；而現在的文化、觀光，好像就是沒有污染、高附加價值、是好的。其實，不盡然如此。還是拿鮪魚季來做例子好了，我們把它包裝成文化節慶，可是由於要供應大量遊客需求的緣故，所以鮪魚捕捉的數量就會年年增加。這樣終究會造成過度撈捕，導致資源枯竭的惡果。另外，因為鮪魚季成功了，所以花蓮那邊也想要複製屏東的經驗，也想出要捕另外一種魚。其實，這樣子都是過度地使用自然資源。當它成為一個熱門景點、熱門議題、熱門商品的時候，這就意謂著「過度」。更重要的是，在過度撈捕的狀況下，不管它是不是用文化來包裝，其實大部分資源或利益，還是集中在特定人身上的。所以，如果我們只談文化治理，而不去談它與經濟發展、它與產業的關係的話，那它其實就有點像是官方的意識型態宣導，只是手法比較巧妙、奧妙，或是比較關注、甚至會刻意去突出小市民百姓的體驗罷了！可是比較重要的問題是，當它逐漸跟文化產業、文化經濟連結在一起的時候，那在這種資本商品的邏輯底下，其實就跟販賣其他商品一樣，利益都會比較集中在特定群體。這是我們比較要去關注的。

　　再回到文化治理本身來看的話，我覺得還有個議題，就是統獨爭議的問題，也就是國家認同問題。因為你是誰？你是台灣人？還是中國人？還是兩者都是；以及你是在站在台灣本土，還是說你也要兼顧中華文化？這些都牽涉到統獨跟國族的議題。至於在

這個領域裡面，最明顯的就是所謂的母語教學，各地的母語教學，它其實跟近年來台灣的本土運動與趨勢有關，也隱隱約約對某一些人而言，它跟主張台灣獨立建國是有密切關聯的。在這個過程裡面，在這個國族認同的爭議，或是國族定位的爭議上，文化治理就會變成一個戰場、一個意識型態的戰場。例如，以母語教學為例，我們就看得很清楚。包括台北市在內，採用漢語拼音或其他拼音方式的問題，就變得已經不再只是單純的文化課題，而是一個政治課題。

　　所以，我們談「文化治理」的議題，除了要去談很多藝文活動，很多古蹟保存，城市書寫等，好像非常豐富多樣；除了要看到狹隘的文化治理，要去考慮它是誰的文化？誰的價值？誰的品味等問題以外，還有一個要拉出來的，就是它與經濟或產業發展掛勾以後造成的利益分配問題。另外一個要談的就是，它在某些領域裡面，會特別跟台灣當前的國族認同問題扯上關係，會變成一個意識形態的戰場。

五、請您談談「地方意象」、「地域意義」及「流動地景」這三個概念，以及彼此間的關係為何？

　　「地方意象」，簡單的講，就是我們如何透過包括聲光影像、書寫、地方文史資料、紀錄片等等各種手段去描繪出這個地方的形象，然後傳達給一般人，這就是所謂的Place Image，地方的意象、地方的形象。例如，我做台北市文山區「地方意象」的研究，我就會選擇包括鄉土教育教材、地方文史工作者寫出來的東西，還有當地房地產的文宣資料等來觀察。像房地產文宣它就會描繪出一個美好生活環境的形象，從而也就會塑造我們如何去認識當地的地方意象。所以，這樣看起來，地方意象就是由日常生活的

各式各樣來源在塑造、在影響的。比如說，文山區之所以被想像成一個文教區，這種意象就是透過各種媒體、廣告、學校鄉土教材或其他官方出版品等等，長年累積塑造出來的。當然，這樣的地方意象又跟我們實際的、自己真正的生活體驗有什麼差別、有什麼異同之處？這也是一個課題。

「地方意象」如果要拉高來談的話，我覺得就要連繫上「地域意義」。事實上，我在界定「地域意義」的時候，它其實是比較牽涉到這整個地區的，不管是文山區或整個台北市，它要朝什麼樣方向發展的問題。「地域意義」這裡的「意義」這兩個字，並不是我們一般在談的：「你說這句話有什麼意義？有什麼意思？」的那種含義！而是說，這個「地域」（地區）發展的基本定位是什麼？例如，我們可以用很簡單的一句話說，台北市是什麼樣的一個城市？它在結構性的功能定位是什麼？比如說，我們會說它是一個資本主義城市，那就跟社會主義城市不一樣了。因為這會牽涉到它分配公共資源的方式，是交給市場決定？還是採取一個計畫經濟的方式？總之，「地域意義」就是在談結構性的、整個地區的發展定位應該是什麼的問題。

所以，「地域意義」和「地方意象」就會連繫上關係，也就是說，當我們要去掌握或反省到整個地區、整個城市應該要有什麼樣的發展？它的結構性定位是什麼的時候，我們經常會受到日常生活中接受的各種「地方意象」的影響。從而，當我們要去塑造、宣揚，或者去主張一種不一樣的地區發展方式的時候，我們就要去塑造一個不一樣的地方意象，來讓大家知道這個地區要發展的定位是什麼？「地域意義」和「地方意象」這兩者的關係就是在這裡。也就是說，「地域意義」是一個城市或地區發展的定位，而「地方意象」則是描繪出在這種發展定位下的地方景象，它是屬

於比較具體的、能夠呈現出來的部分。

至於「流動地景」。我們在談地方或地域的時候，通常會把它想像成是相對穩固的，即使譬如說在清朝乾隆、嘉慶年間，台北剛開始拓墾的時候，我們不會用「流動地景」這樣的概念去想像。好像那時候，地方相對是個穩固的、緩慢的生活世界或步調。可是實際上，自古以來，每個地方都是各種人、事、物、資訊不斷流來流去的狀況。即使是回溯到以前，沒有汽機車的時代也是一樣，都是不斷地在流動。像是台灣的漢人就是從大陸渡海來台的，或是陸陸續續從淡水河口一路遷徙到比較內陸的地方。而且在這個過程中，也不只是開墾、耕田、種茶而已，還包括有各種貿易、商業的往來，甚至到了1860年代台灣開港以後，英國等外國商人都來這裡做國際貿易，也就是台灣是跟整個國際牽連在一起的。總之，分析地方意義不能夠只看這個地方內部的事物。以文山區來說好了，它種茶，而這個茶是要賣到英國、賣到世界各地的，它就已經連繫上了世界各地。當世界各地對茶的需求量比較暢旺的時候，他們所下的訂單就會比較多，文山區的農民見到有利可圖，也就會種植比較多。換言之，這個地方所發生的事情、地景上發生的變化，其實都是跟遙遠的他方有著密切的關係。不只當代很明顯是這樣，即使往前推個兩三百年來看，也是如此。

最後，如果要把「流動地景」這個概念跟「地方意象」及「地域意義」連繫在一起的話，那麼有個關鍵就是，它提醒了我們千萬不要把地方意義想像成是一個很僵固、很固定的概念。地方意義其實是不斷的在變動的。當我們認知到地方意義是不斷變動的時候，我們就可以避免有些時候過度去強調本質化的鄉土的現象。誠然，土地聯繫情感，通常我們就會因而去強調那些所謂的「在地人」的記憶。例如，我在這邊住了五代六代、我是在地人，

我的聲音應該就比較大，應該就比較有發言的力量，也比較握有針對地方事務發言的正當性。其實，這些都是錯誤的印象、錯誤的觀點。因為，如果我們強調「流動」的話，其實每個人都是在這個長遠的、不斷流動的過程中，共同參與並建立了這個地方的獨特性。這個地方其實不僅僅是過去一百年來，所謂的在地人累積經營的這個模樣。即使是在最新的、剛來的，上個月剛搬來的移民，不管是城鄉移民或外籍配偶，他們也都已經構成了目前地方的意象，因此也是地方發展的一環，是重要的元素，這是不容置疑的，我們不應該還是把新來的移民當成客人看待。

專訪　國立臺北大學中國語文學系
　　　陳大為助理教授

**一、各地方政府文化局經常舉辦各類「文學獎」,並有以城市
街道為主軸,撰寫自己在城市裡最熟悉或記憶深刻的一條
街,或書寫給摯愛的人與家園的城市故事。請您談談對書
寫城市的理解?近年來與城市相關的文學有那些值得關
注的議題?**

　　其實在台灣都市書寫最早應該算是現代詩,差不多在五〇年
代的時候就已相當多。如果要再往前推到三〇年代(日據時代)
這是很勉強的,因為在當時的台灣還不算有嚴格意義上的都市生
活,只能說是初具一點點現代化城鎮的規模,所以都市書寫真正
的起點應該是在五零年代。在剛開始的階段,他們寫的是比較簡
單的一種想法,也就是書寫他們實際看到的,以及他們想像的。
從一九五〇到公元兩千年經過這五十年時代的演變,不論是在都
市詩、散文、或是小說,都有相當多的成果。

　　可是,台灣的作家有一個比較錯誤的觀念,他們總覺得都市
書寫是在寫一個「本質化」的東西,也就是說是在寫一個典型化
的都市現象。作家們往往認為這些現象是放諸天下皆準的,所以
他們很少會去想:我要寫台北的都市個性。我覺得每個城市都有
屬於它們自己的個性,這是由它們居民的生活步調和習慣共同構
成的。但很可惜的是這個主題卻一直沒有被突顯出來,造成都市
書寫長期處於黑暗面的書寫態,五十年差不多都是這個樣子。當
然在散文裡面也有比較成功的,像是林燿德;可是他對台北始終
是採取批判的角度,所以在散文裡面他並沒有告訴我們台北的價

值在那裡？特質是什麼？

　　反而是在公元二千年以後，文學獎裡面開始有個「街道書寫」。如果我沒記錯，創始者就是「台北文學獎」，它顯示了一個非常正確的觀念。這就誠如妳問題裡所提到的「城市的故事」，一個人對城市有記憶是必然的，而這記憶裡頭當然有些會是屬於較美好的部分，但是在以前都市文學的作者們，大都選擇冷漠、疏離，還有罪惡的部份來寫。如果是公寓大樓，他們不會挑一個比較溫馨的時刻，只會刻劃在電梯裡的疏離感與危機感。「街道書寫」的好處是，它讓我們重新發掘一個街道所累積下來的情感或記憶，除了作家之外，小市民也都可以直接參與書寫街道的活動。而這個方向對未來台北都市書寫是有很大的幫助。

　　如果我們暫時把視野離開台北，去看看香港還有新加坡，這兩個城市跟我們就不一樣。香港成為一個城市，差不多有百年的歷史，經過百年的殖民，英國人早已經把香港的城市性格樹立起來，所以它是一個很成熟的城市，香港市民懂得怎麼去思考城市的利弊，以及各種人為的因素。所以我曾在過去的研究裡指出：一個城市愈成熟，它的市民對於文學的思考也就愈成熟，甚至愈多元化。台北就還沒到這個成熟度。同樣曾經是英殖民地的新加坡呢？新加坡人對城市的情感很微妙，他們一方面討厭它一方面又喜歡它。新加坡有一條很有名的烏節路（Orchard Road），等於是新加坡的城市核心，所有的名牌商店都在這裡，眾多五星級大酒店也都在這條路上，捷運就從底下經過。平時就有許多外國旅客和上班族在街上行走，尤其美軍的第七艦隊靠岸時，整條街都是魁梧的海軍大兵。它絕對是一個國際化的街道。

　　在烏節路可以看到新加坡的個性，新加坡是屬於多元種族與多元文化的，但是它沒有主體性，我們不知道新加坡算什麼？不

知道要怎麼去定義新加坡人！你可能能找到一個不中不西的符號，它的都市性格可以用一種東西去象徵，就是魚尾獅！魚尾獅是一隻獅首魚身的異獸，新加坡用它來做圖騰！魚尾獅原始的意義是要有獅子的勇氣，也要有像魚一樣遨遊四海的視野。但是從另外一個角度來檢視，說牠是獅子可是沒有腳，不能上岸；說牠是魚可是沒有鰓，不能下水。牠只能很尷尬地杵在海陸交界之處，不上不下。這就跟新加坡的文化性格一樣，說他們是華人，但整個社會都在講英語，崇尚英語社會的文化價值，但血緣上他們卻成不了口操純正英語的正宗英國人。他們是海外華人文化斷層或變形的一個事例，這批遺棄了自我，卻又找不到定位或方向的中英文化混血兒，跟魚尾獅一模一樣。有一部新加坡影片《小孩不笨》，它裡面用的英語就是新加坡式的英語，我們稱作是Singapore + English = Singlish 式的東西。

能夠從都市書寫裡面可以看到城市的內容、個性，這是最理想的書寫成果。像台北文學獎，過去三、四年朝這個方向去做，就應該很不錯！

（問：那值得關注的議題有哪些呢？）都市有三個面向可以寫，剛剛講的是比較屬於都市主體性層面的，那是一種比較本質或抽象的書寫。第二個是城市記憶，如果是殖民地都市的話，那就有更多東西可以寫了。第三個就是社會問題，社會問題在都市文學裡，很少被討論。唯有寫實主義文學作品，會去寫一些都市的窮人；其實寫實主義有一個很錯誤的想法，就是好像這個社會上很多痛苦的人都是窮人，其實不只如此，我們白領階級也滿痛苦的啊！有工作上的壓力、各行各業的生存危機，以及像退休金制度引起的優退風潮等等，都是值得關注的議題。還有都市裡面的政治是較不被重視的，一般會直接把它當成政治文學來寫。總

之，都市裡面承載的東西很多，我們往往是以空間取向來作標準（範圍），街道是空間取向，公寓大樓也是空間取向，其實人的因素應該要被更加重視才對，這裡頭例如包括都市裡面的外勞他們的人權問題等等。

二、您認為都市文學對於一個城市的意象及市民公共意識的形塑能發揮什麼影響或作用？

　　城市的意象！以前白先勇在寫《孽子》的時候，是以新公園（也就是二二八和平公園）作為地盤，替這個城市樹立第一個意象，我們也可以稱作「地景」。事實上這個地景也代表著台北某一個次文化族群的活動，它確實對於一般老百姓了解過去的新公園有一些影響，這在小說裡面是比較做得到的。散文部分，我覺得就很少，特別是以台北為主題散文在這方面的創作成果並沒有很突出。其實，都市散文的曝光率要是夠高而且頻密（在大媒體發表），確實可以做到讓我們更加了解一個城市。白先勇花了一本書的篇幅來寫一個空間，散文很少這麼做。在香港，很多散文作家寫過維多利亞港，對市民的地方認同，會有一定程度的影響，至少讓他們產生一種文學印象。又譬如說華西街的公娼，現在已經沒有了。在舊時代的小說裡，好些作家描寫過華西街，這就是一個城市的記憶。我覺得都市文學有兩個功能，一個是記載一個城市的身世，一個是加深我們對一個城市的認識或者影響。都市文學是有這個功能的，問題是讀者會不會去讀它？如果它是一個很重要的大作家的作品，那它就會產生影響。

　　（問：那現在從事城市書寫、城市文學創作的作家多不多？）嗯，其實還滿多的，只不過他們主要不是在寫「空間」，而是在寫「同志書寫」，就是「異色書寫」，城市只是一個舞台。在80年代

末到90年代初,有一批同志小說家,用「空間」去承載他們的主題和故事,寫得還滿多的。例如我們對「夜店」的負面印象(那個時候還不叫「夜店」),大多是從小說裡面獲得的。書寫台北都市空間的,主要是小說,散文不曾發揮它的作用。已故詩人林燿德曾經用詩來寫一些同志議題,可是我總覺得寫得還不夠細緻,太膚淺。總之,我還是覺得小說在這方面的影響力比較大。

(您說在都市書寫之中,「詩」是相對比較薄弱的,可是據我所知台北市文化局就持續舉辦過「台北公車暨捷運詩文徵選活動」,經過這類的活動與獎助,都市詩還是很薄弱的嗎?「台北公車暨捷運詩文徵選活動」是否也算是都市書寫的一種?)我有當過評審,投稿的人非常多,光是詩的部份就上千件。我們究竟要用量化的方式?還是用一個比較高的文學素養標準去論述它?如果用量化,那沒錯,它每年都生產相當多的詩(得獎作品),可能二、三十首,累積十年下來可能就有兩、三百首。但這裡牽涉到兩個問題:第一,這些作品真的都是好詩嗎?其次,市民看了之後,真的會起什麼樣的共鳴?我讀過好幾年的公車詩小冊子,裡面所收錄的詩,它對整個台灣都市的了解並沒有太大幫助,因為它寫得很表面,它可能是寫一個學生坐捷運回淡水的一個感動,都是環繞在身邊的小事和感受,其中並沒有很突出的作品。然而如果一個主題、文類要被提昇和擴展,它就必需要有一些重要的作品,而這個重要性是跟以前的作品做比較的。它必須有突破性、有質感、有更高水平的寫作表現。

香港作家西西,她寫了好幾本跟香港都會生活相關的小說和散文,累積下來就有相當豐厚的香港印象/意象;如果我要讀香港文學,一定會去讀西西的香港書寫。當然它這跟電視中所呈現的香港有些差別,因為她抓到了幾個本質性的東西,把香港形象

提昇到寓言的境界去省思，去討論。所以我覺得公車詩和捷運詩學問不大，它的功用主要還是讓人民更加意識到文學就在自己身邊，其實沒有太多人知道這個是城市文學。當這首詩出現了，你的腦海裡出現的是詩，而不是都市詩，起碼我看到的時候，第一層是我看到一首詩，第二層才有可能會想到這是都市詩。有時候我會跟學生偶爾聊起，他們在思考的時候只到第一層。就像一個化妝品廣告，也許你留下偶像的名字，也許留下產品的名字，可是那個東西到底有什麼效用，也許你也不會太在意了，這是我個人的觀察！總之，公車詩和捷運詩只是讓你覺得詩就在你身邊，可是你看過後就不記得那首詩的內容了。

　　（問：我對公車捷運詩其中一首印象深刻，內容是他和他女友相約在某條街裡的Starbucks，但是那條街兩端各有一間Starbucks，而他們兩位分別在兩個Starbucks裡等待彼此。我是看到那首詩的時候，才知道這個城市的那條街有兩個Starbucks！）如果是這樣，那這首詩算成功啦。當我們談到一個東西也只是概括性的討論，並沒有絕對的，像是我剛剛提到都市散文幾乎都是在寫負面現象的東西，它可能代表百分之八十幾的現象描述，其中還有百分之十幾會是例外。像我個人也有寫一、兩篇都市散文（屬於從較正面，或較另類的角度切入），因為我寫的數量太少了，所以我自己也不會特別去強調它。

三、我們在很多的文獻中可以看到「都市書寫」、「城市書寫」、「公民書寫」、「市民書寫」等，看似一致？或相關？請您說明它們之間的關係為何？另外請談談「都市書寫」在學界的定位？以及未來的方向是什麼？

　　「都市」跟「城市」都一樣、沒有一個明顯的定義差別，如

果你要去細分當然也可以，都市就是達到一定的人口標準、經濟規模，生活與行政機能才算。就「都市詩」和「城市詩」來說，兩者根本沒有差別。不過公民書寫我就比較少看到了（「公民書寫」從那裡來的？），因為公民是包含城市也包含鄉村的，你不能說農夫不是公民，所以這點應該不在我們的討論範圍內。至於「市民書寫」則是比較確定的，這個比較像是台北文學獎所作的——讓一個城市的市民去書寫他們所居住的城市；這裡有一個比較明顯的不同是，城市書寫或都市書寫比較屬於作家的創作，而市民書寫主要由小老百姓來寫的。這是我個人的一種觀察。

至於「都市書寫」的定位，只能算是一種主題吧！滿重要的主題。但是這些年來真正在研究台灣本土都市書寫的人其實並沒有那麼的多。如果你跳開台灣來談，就有些人在研究紐約、在研究倫敦，可是他們不是僅僅就「都市」的這個概念作研究，都市只是一個平台或媒介，他們主要研究它的後殖民、及女性主義等等議題。另外，如果就科系別來講，研究都市的外文系學者遠比中文系的學者多很多。至於「都市書寫」未來的發展方向，我想，它並不會非常突出！為什麼呢？因為以前是城鄉對立的年代，從50到80年代，我們城市和鄉村是壁壘分明的，現在鄉村已經城市化了，所以我們在日常生活中不會去特別提醒自己——我是在一個都市裡面生活。生活就是生活！你每天起床打開電腦上網看有沒有信件，這個動作其實是很自然的，無關乎你是在城市或鄉村。但如果我們將時間再往前倒退二十年，那就完全不一樣了。所以說我們已經進入了一個人與城市天人合一、城市的疆界意識已經消失的時代，城市是我們很自然存在的環境，城市不再明顯地出現我們的自覺意識當中，所以現在已經不太討論「都市文學」了。

從學術角度來看，傳統的都市研究很難再發展下去，現在的

「都市」是分成兩個，一個是形而下的實質空間，而這個部分在前段已經說過了；第二個就是網路都市，就是形而上的虛擬空間。也就是說，「都市」已經轉型，事實上很多人是生活在網路上的，網路上有一些虛擬的遊戲、同時也提供人們展開虛擬的人生，而這群人就生活在網路都市裡面。而如果都市文學要進一步去探討這個部分的話，我認為倒還不是時候，因為這第二個都市還正在發展當中，我覺得還要再過個十年吧！如果一個東西才發展三、幾年我們就貿然下定論，那將來的現象必定會有所改變。如果是歷經個十年到十五年，再回去看它，你會看到一個很大的脈絡，而這個教訓正是來自於當年的「網路詩」。

　　「網路詩」剛崛起的時候，大家就開始擔心，平面的詩完蛋了（其實，不只是詩呀！）。因為，大家覺得副　和其他一些雜誌的發表都將會被取代，那時候我就冷眼旁觀，我覺得不會被取代，因為這裡牽扯到一個東西，就是－－「權力！」人類是一個權力的動物，當你擁有權力的時候，你會小心的守護它，而當你沒有權力的時候，你會想盡辦法地去靠近它。其實有很多創作者他們都有掌握不同的權力（發言權或主編權），那為什麼還會產生網路文學？那是因為平面媒體被別人掌握在手裡，而某些年輕的創作者（被宰制者）為了要擺脫這個權力，所以才去弄網路文學。可是，網路文學事實上也是另一種權力——知識的權力，當你擁有足夠的網路知識、及技術，你才能夠從事網路文學的創作。當某一些創作者在網路上坐大的時候，他們就會有兩個趨向，一個是繼續在網路上當霸王，或者設法回到平面媒體，很多詩人到最後也還是出書。如果是真正的網路詩人，就不要出紙本的書，繼續一輩子搞網路，證明本身的選擇是正確的！可是我們知道，這十幾年下來證明，這是個圈子，他繞一個很遠的圈子，又回到原點。

好比到網路上修練兼召兵買馬,再回到當年失意的傳統文壇。至於我所說的這個網路都市,將來會發展成什麼樣子呢?只能拭目以待。

(問:那城市書寫在中文系,是一個新的議題嗎?)不算,可是很少人去碰它。都市詩的研究我寫了兩本,可是其他學者的單篇論加以來會比我多,雖然他們都是受邀而作,零星發表。中文系是一個龐大的東西,古典文學佔了很大的面積,如果說一個系有十五位老師的話,現代文學的老師大約三個左右,所以它佔中文系版圖的五分之一,而這五分之一再分文類、再分主題,所以都市文學如果能夠佔到這五分之一當中的五分之一,就已經是極限了。

倒是台大的城鄉所(建築與城鄉研究所),他們是從文化空間的角度來討論的,那當然「都市」是一個最重要的對象,我在寫都市書寫學位論文的時候,他們的論述是我蒐集參考資料的重要來源之一。還有一個是社會學的研究。社會學一定寫都市,因為農村的社會學已沒什麼好做了,只能炒冷飯,可發掘的題材所剩無幾了。我覺得現在的城市,近五年內的生活空間並不會有太大的改變,即使是多了兩條捷運或兩棟大樓,但是這在整個都市裡面,算得了什麼呢?其實真正改變的是網路世界的改變。比如說,你來跟我作訪談錄音的時候,以前只是用卡帶,現在已經是數位式的了,然而你卻擔憂錄音筆會失效(按,採訪者為周延起見,準備了2枝錄音筆),所以,數位的科技其實是既令人驚喜卻又令人不放心。有了手機,人與人之間的關係就變得很疏遠卻又很親近,我可以隨時打電話給你跟你聊天,你好像就在我身邊,其實我們相隔很遠,而正因為我可以隨時打電話找你,我就不去找你了。所以現代化的科技會改變都市裡面的人際關係,就某一方面

來說，我覺得疏離與親近，這兩個概念本身已經分不清楚了。

第六單元

城市特色行銷

提　綱

1、國際貢寮海洋音樂祭是如何推動的？構想的起源是什麼？

2、縣政府新聞室在文化議題有相當的著墨也引起極大的關注，請談談政府施政的面向有很多，為什麼會有這樣子的走向？

3、如何成功地推動烏來溫泉櫻花祭？所遇到的困難有那些？在打造像是烏來的時候，可說是讓都市意象愈來愈豐富，這使得當地的居民對其所處的城市愈發有根的感覺，請談談對「都市書寫」、「公共藝術」、「都市意象」的理解！

4、「城市光廊」已經是高雄市都市風貌改造的代表傑作，當初的發想起源？及重要的規劃內涵？另外，「都市風貌改造」除了能帶來龐大的經濟效益以外，是不是在實質上也能對文化藝術、與公民美學作出貢獻？

5、在推動「衛武營兩廳院」這個專案上，是否有遇到什麼樣的困難？

6、都市交通環境的變遷（例如像捷運的興建）是否會對都市的景觀產生重大的影響？影響有哪些？還有，近來有關公共藝術議題一直在報紙上都有看到，例如像是高雄捷運公司的部份。其實文建會在今（94）年6月就出版有一整套的公共藝術系列叢書，請問什麼是公共藝術？重公共性抑或是重藝術性的爭議？公共藝術與藝術有什麼差異？

專訪 臺北縣政府新聞室
廖志堅主任

一、請問您是如何推動國際貢寮海洋音樂祭？這個構想的起源是什麼？

　　最大的關聯，來自前縣長蘇貞昌提出「認同、疼惜、發展」的社區總體營造概念，發展出一鄉一特色。他剛擔任縣長時，就注意到縣民對於北縣的自我認同很低，譬如你問他住那裡？往往得到的答案是「台北！」，要期待他說「台北縣」，好像很難。而這樣即產生一種行為模式，台北縣民到台北市去消費、就學、就業時，會符合台北市的水平；但是一旦回到台北縣的時候，因為認同感不足的緣故，就會開始亂丟垃圾等等。同樣的人，在北市不會亂丟垃圾，到了北縣卻變了調，表示他不認同自己所居住的地方。事實上，對土地有認同、對自己所居住的環境有認同，才會去疼惜它，有了認同與疼惜才會有發展。若連基本認同都沒有，你想台北縣要如何發展？

　　就是在這個理念的基礎之下，北縣開始發展一鄉一特色，挖掘地方特殊的自然、人文、歷史、產業或建築，作整體規劃，並發展出北縣特有的文化曆。舉例來說，縣府在鶯歌興建陶博館、規劃陶瓷老街，活絡地方後，又開始舉辦系列活動，因此有「陶瓷嘉年華」的誕生。

　　本著這樣的思考方向，會發現每一個鄉鎮其實都有屬於它們自己的特色。像是平溪天燈，一直是深具特色的地方文化，但未作整體規劃前，只是個結合地方民俗文化的傳統活動，當一堆車輛湧入時，民眾往往得忍受「塞車」之苦，因而降低參與意願，

帶給地方的文化及經濟效益就會降低。

　　以地方的特色作基礎擴大辦理，考量整體規劃來推動，需要公所和縣府共同推動，因此也拉高層級改由縣政府來作規劃。當我們將地方文化營造起來的時候，民眾就會開始去認同參與，也會產生經濟上的效益。

　　但是我覺得最根本的還是「認同感」的問題。像是過去做的「土城桐花節」，結合滿山漂亮的桐花自然美景、當地藝文特色和充滿禪意的承天禪寺。熱鬧又精采的活動後，不僅是當地的居民很高興，也帶動其他政府機關的仿效。有個台大的教授曾跟蘇前縣長說，以前如果人家問他住哪兒，他會有點不好意思說住土城，因為感覺是監獄的代名詞。可是現在的土城很有文化氣息，有很漂亮的桐花，他會很驕傲地說他住土城。

　　如果從這個效益來看貢寮海洋音樂祭，有相似的意義，但多了些開創性的規劃設計。有一次我跟蘇前縣長去貢寮視察，對當地漂亮的沙灘留下深刻印象，雖然旁邊有個核電廠，仍不減福隆海灘的魅力。該地於日據時代就是很有名的地方，可惜現在蕭條了，於是我們就不斷地思考，該怎樣才能讓福隆回復到以前？將福隆的地方特色發展出來呢？很碰巧的，跟音樂界的朋友們激盪出火花，就決定採用音樂為主軸，作新嘗試。雖然當時沒太大把握的，想不到舉辦後外界反應還不錯！這就牽涉到「目標消費群設定」的問題！比如說像宜蘭童玩節，它的對象是小朋友，連帶爸爸媽媽也會陪同，這樣就帶動親子和廣大年齡層的民眾參與。另外像屏東的黑鮪魚，東港就用飲食文化來吸引人群，而貢寮海洋音樂祭我們以獨特的音樂文化及附加價值來吸引。

　　值得一提的是，貢寮海洋音樂祭目標族群一開始即設定在17、18歲以上到35歲這個年齡層，當時台灣的政府單位好像還沒

有專門針對這個族群來舉辦活動的,我們推出之後,造成的熱烈迴響超出原本預期,甚至很多年輕人都以每年夏天必定要來「朝聖」的心情,到福隆參加海洋音樂祭,讓我們感到很驕傲和開心。

二、請問您認為國際貢寮海洋音樂祭除了帶來龐大的經濟效益以外,對於文化藝術、公民美學的貢獻有那些?

海洋音樂祭舉辦六年來,均邀請知名設計師蕭青陽,一手規劃音樂祭的整體視覺設計。而民眾實際的反應也相當不錯,感覺那很「酷」!每年海洋音樂祭還沒辦完,遊客紛紛忍不住嘗試要偷拔旗子帶走,因為他們覺得實在太漂亮了!

不論是CIS的設計或是宣傳品的巧思跟包裝,它會潛移默化教育參與的民眾,也帶給大家耳目一新的啟發,「咦,原來可以這樣玩!」。即便今(94)年因為颱風的關係二度改期,我們還是堅持保留特定攤位,全部展示設計師自己的原創設計作品,像蕭青陽等一些設計界的朋友,還有北藝大的學生。我相信這會對台灣的設計、美感教育造成一定程度的影響。

值得一提的是,今年的海洋音樂祭還增加海洋影展的部分,豐富藝術的深度和廣度。縣府團隊取法坎城影展、愛汀堡藝術季等國外經驗,讓主題以外的其他周邊設計也跟著出來,例如在沙灘上也有音樂的演出。所以海洋音樂祭不僅止於音樂作為主軸,未來也期待增加平面設計,甚至是公共藝術或者是沙雕或者是表演藝術等等,讓海洋音樂祭轉型成一個藝術季,成為多元多面向的東西。屆時就不再單單只有音樂,因為音樂只是個主體,吸引了平面設計進來了,電影進來了,便可帶動很多人會願意來。這也是未來海洋音樂祭努力的方向。

三、縣政府新聞室在文化議題有相當的著墨也引起極大的關

注，請您談談政府施政的面向有很多，為什麼會有這樣子的走向？

我想各單位的分工都有一定的架構，但不同的團隊就可能發展出不同的做法。過去我比較被授權做一些地方行銷的東西，而地方行銷的東西免不了要跟文化做搭配。譬如文化局規劃出十三行博物館、黃金博物館，接下來還要做林家花園博物館等軟、硬體的基礎建設。而我這邊做的是「文化行銷」的部份，以現有建置的設施設備為基礎，透過行銷，特別是藉由網路或者口語等等各式各樣的載具傳遞出去。彼此各司其職，互相配合，也發揮出團隊的綜效。

每個地方政府編制都大同小異，但是除了主政者以及執政團隊的不同，也會因地制宜，例如屏東縣，文化局舉辦的黑鮪魚季就引起廣大迴響，還有宜蘭縣農業局舉辦的蔥蒜節等，各有不同的發揮空間。

台北縣雖然不若農業大縣般有現成的資源，從城市行銷的角度來看，我們仍可賦予並創造出北縣的新生命和新活力，走出自己的路，強化突顯出北縣各鄉鎮市的獨特性，甚至成為其他地方政府學習的對象。蘇前縣長先前就曾提出「文化曆」的概念，將北縣營造出與眾不同的氣息和也提供北縣民多元的藝術活動。

也因為對新聞室的期許不同，以前較資深的一些新聞室人員就常說：「足累仔！」只要逛一圈我們的辦公室，不難發現少有年紀較大的人，願意留下來的同仁往往是年輕的、有理想、願意去做事的人。不過人往高處爬，所以同仁們只要有機會還是會流動，或中央部會，或台北市等更好的機會。不過我們的職缺只要空下來，即便用網路召告天下，還是很少人敢來報名，也絕對不是台北縣政府內部其他單位的同仁，因為只要知情的人都不敢來，大

157

家都知道新聞室很操,是個燃燒熱情、挑戰自我的地方!

四、您是如何成功地推動烏來溫泉櫻花祭?所遇到的困難有那些?

　　烏來櫻花祭的成功我不敢居功,我只是開個頭,重要的還是和地方同心協力達成目標。烏來溫泉櫻花祭的發起,是現任張鄉長還在當議員時,有個場合向我提議說:「你都幫平溪做天燈我們烏來都沒有!」當時我腦中還沒概念烏來可以行銷什麼,只知道有溫泉而已,且當時溫泉會館頂多6、7家,且只分布在烏來老街上。

　　答應協助規劃後,首先碰到的難題就在於「交通」,你要找民眾進來就必須要交通管制接駁,此舉可能就要犧牲部份的商家,以前車輛直接停在他們店門口前消費的,現在不行了,那商家一定會反彈。第二,整合業者。當我們協調業者必須要端出一些吸引消費者的誘因和配套方案時,譬如溫泉餐,往往他們的反應就是「生不出來耶!」。第三,我們在推動賞櫻時,發覺櫻花其實不多,不多怎麼辦呢?趕快種呀!把握秋春天的最佳時機,種好幾千棵下去,明年才會有花可賞。此外,還須注意和泰雅族的部落長老的溝通,整合各方意見。

　　值得欣慰的是,經過大家的努力後,烏來溫泉旅館質或量上均有顯著提升,現今當地已有7、80家,也從小規模變為五星級。但蓬勃發展後,帶來的交通問題就要設法解決,目前仍在規劃另外一條通往烏來的道路,若環評能通過,這條從烏來直通三峽的道路,將可替地方帶來更高的發展效益。

五、您在打造像是烏來的時候，可說是讓都市意象愈來愈豐富，這使得當地的居民對其所處的城市愈發有根的感覺，請您談談對「都市書寫」、「公共藝術」、「都市意象」的理解！

這又回到前面的國民美學以及認同感的概念。我們常說台灣的教育是德智體群美五育並重，其實不然。我有個同學是從奧地利回國念大學，他在國外從小學一直唸到高中，那裡的教育自幼就跟你講藝術史，所以他一眼即可看得出這個畫是什麼，並有鑑賞的能力，他們採用的是潛移默化的教育。可是我們台灣沒有。

你知道為什麼Starbucks在台灣這麼受歡迎嗎？很簡單嘛，朋友到訪卻因為自己家裡亂七八糟，所以帶到Starbucks裡面，對不對？所以我相信這幾年來談到城市美學、都市書寫、公共藝術，大家應該都有發覺，整個都市的提昇除了市民生活的主要保障之外，還是必須要靠整體文化的提升。

當國民具有文化素養時，就不會為了圖個人方便，亂蓋鐵皮屋，產生一堆違章建築等。我們也常會看到很高級的住宅，但卻加了一堆突兀的鐵窗。不僅破壞社區美感，其實更降低住宅整體安全，造成堵住逃生通道等情況。

那麼城市美學及公民美學應該怎麼樣去教育？相較其他國家已經推行許久，台灣這幾年來，才剛起步。我有一個較深刻的印象是，有一次去紐約時，正好看到當地百貨公司正在裝修，若在台灣，鐵定充滿嘩啦嘩啦的施工噪音，帆布呀竹竿呀堆得到處都是。可是人家為了要維持整個街道的美學，他們會把外面包起來，弄得很漂亮，也看不出來它正在施工中。去年我去巴黎，LV的店，也是把它包成LV包包的樣子，寫個法文標示施工中；而台灣施工

中的騎樓上會有一堆垃圾髒髒的，不然就是到處是油漆等等。總
之，生活在這個都市，要先從讓每個人感覺不一樣開始，才會慢
慢地改變。

我身邊有不少朋友從國外回來，就嘗試在做這類美學、藝術
的東西，譬如藉由具原創性的公仔，讓購買他設計品的消費者，
能夠漸漸地受影響，我相信台灣會逐步朝這個方向走邁進。但是
目前還是要有一些大眾化的東西，不然一下子步調太快，會讓一
般民眾無法接受，更別提引起共鳴。

專訪　高雄縣政府觀光交通局
林熹俊局長

一、在您的主導與推動之下，「城市光廊」已經是高雄市都市風貌改造的代表傑作，請您談談當初的發想起源？及重要的規劃內涵？

　　首先就是藝術家對於土地的感情。一直以來台灣的環境都是非常的凌亂，而作為一個藝術家大學畢業以後住在高雄市，在這麼多年的居住當中自己總覺得台灣的環境是不是可以有更好的機會？特別是這幾年，例如在大統商圈附近有一個中央公園，這個公園一直都是高雄市的「癌」，裡面不但髒亂而且又有遊民聚集，這其實跟一個公園所要扮演的角色是相當不吻合的；特別是在這個公園外面有道「牆」，而你會發現這道「牆」除了阻隔了人與人之間的互動以外，也阻隔了民眾要進入這個公園的機會。所以其實大概在十幾年前，我碰到開放空間文教基金會的陳惠婷，就曾經跟她討論過，有機會的話想讓這道「牆」倒下來，這就是希望能做一些改造，好讓這個環境可以變得更好。

　　而為什麼會有「城市光廊」的原型？那是因為在2000年高雄市首度辦國慶煙火，那個時候在講一個口號叫「高雄亮起來」（按，也是2001年2月7日至14日高雄全國燈會的主題）。可是我一直覺得台灣在辦活動方面就是花了很多錢，而且還過度地辦了很多大型的活動。然而仔細想想，我們之所以喜歡去國外，並不是因為他們的活動真的辦得很好，而是他們的環境很優質，而這優質的街道自然會讓街頭藝術家們想來做一些表演。但是現在我們台灣卻是倒過來，辦一個活動，辦完之後拆一拆，什麼就都一樣都又沒

有了。所以我一直有個想法，就是希望如果有機會要利用空間改
造，先從空間做起，先把環境做好，這樣藝術家自然就會來。

那過去台灣在街道的規劃上也花了很多錢啊！為什麼卻總還
是那麼亂呢？其實台灣的街道之所以會亂就是垃圾筒是環保局在
管的，路燈是養工處在管的，電話亭是電信局在管的，電箱是電
力公司在管的，交通號誌是交通大隊在管的，所以你可以看到這
些東西都是不同的單位在負責，那事實上每一個單位卻又都沒有
經過整合，所以我們要先創造出一個示範性的街道來，而這個街
道的設計必須是一個整體的、是一個有統一的視覺概念的，這樣
的都市才會美。國外所有的街道家具就是因為都是經過設計的都
是藝術品，所以不會亂七八糟。那我們台灣的街道也要作整體規
劃、街道家具也要予以整合，這樣才不會亂。所以當我剛好有個
機會來負責設計街道時，就想嘗試用很多面貌的方式來設計，來
作整個街道裡面整體環境的規劃。同時，也因為有2000年辦國慶
煙火的經驗，所以也想到要讓「亮起來」的概念能夠真正的落實，
於是第一次嘗試整合用「光」來做這個街道的規劃。（問：這算是
台灣第一次？）對！

當然接到這個案子的時候，我就在思考它裡面應該有幾個要
件是要去做的。第一個就是要有行銷策略。既然要有行銷要有話
題，那就先要有個名稱，為什麼要有名稱呢？因為我們必須把這
個街道當成是一種品牌，因為像如果我們在賣衣服的話，假如說
衣服沒有一個品牌，那行銷的那一步是走不出去的。所以當你要
到那邊去的時候，你就會問說「某某某某」在那裡呢？若沒有名
稱，你就只能說：就是有一個地方晚上有亮亮的！這樣子而已！
所以我就給這個街道想了一個名稱叫「城市光廊」，英文名叫Urban
Spotlight，就是都是光點。我希望這個光點，就像是一個蠟燭點

亮一樣，因為這樣才會亮起來；而這個亮不是只是燈光的亮，是一種美麗的亮，它開始在影響，影響周遭的環境，而且一直在擴充，所以我給它這樣一個名稱。

另外，我想「城市光廊」它雖然是一個工程但絕不可以單只是一個工程，它應該也是一個事件，是一個文化事件。因為我是把它當成一個文化事件在推動的，所以第一個它要有行銷策略，第二個就是要讓在地的藝術家們有機會一起來參與，因為它的成功應該不能只是來自於設計本身，而是更應該來自於整個有心的所有在地人士、家人及朋友的一起的參與。所以我也召集了9位藝術家一起來完成，因此你會看到每一個地方都有藝術家他們個人的作品在裡面。當然，這也牽涉到藝術要怎麼樣適時的介入到環境的設計裡面的問題。在台灣過去往往是在建築物蓋好了以後，才劃了某一塊，就是很可憐地分到一塊平面或者立面，但「城市光廊」我們是在工程設計之初，就一直在參與討論看要怎麼做看要怎麼配合了！

再來是必需運用策略讓民眾一起來參與。其實台灣作社區運動常常在談民眾的參與，可是「城市光廊」是一個都會型的公園，它的民眾是來自整個高雄市的，所以就要想個怎樣利用很短的時間來讓民眾參與的方法。因此我就有一個點子，就是徵求高雄市2000名的市民一起來見證高雄市，讓他們一起來見證高雄市即將開始要變美麗了！（按，「SMILE—2001希望之牆」由市長與2001位市民提供的燦爛笑臉為素材，老老少少，從新生兒到80歲的阿公、阿媽都有，以此期許所有的高雄市民，能夠以微笑來面對每一個嶄新的一天，讓整個高雄市呈現歡樂、和諧、美麗的風貌。）所以我請謝長廷市長去號召2001位市民繳交照片，我想以後這些照片上的小孩、這些照片上的人，也會很團結的認同這裡的。因

為我覺得市民在繳交照片的過程中，其實就是對這個地方的關
心，然後當照片透過藝術的手法被刊登上去的時候他們就已經開
始有了認同。

　　還有就是後續的經營維護管理。台灣公部門在執行一個環境
工程以後，其實並沒有費用再去做後續的維護管理，即使有的話
也是很少的。所以我認為當這個街道完成以後，如果沒有把後續
管理的機制也一起建立起來，那也是不好的。所以我的策略是要
經營維護兼管理。因此我就想說民眾走到這個街道，如果可以很
輕鬆的、很愉悅的，可以聽很捧的音樂，可以喝很香的咖啡，然
後能夠坐下來享受。所以就開始想說要設置一個簡易的咖啡廳，
而這個咖啡廳要負責做一些後續的維護與管理，同時要辦一些街
道活動。

二、請問您認為「都市風貌改造」除了能帶來龐大的經濟效益以外，是不是在實質上也能對文化藝術、與公民美學作出貢獻？

　　其實在經濟效益的部分，與奧多廣告公司合作第一期城市光
廊Outdoor Café，經過了一些輔導它合法化的機制以後，光是廠商
承租一年的費用就幫市政府帶來了六百萬的直接收益，想想光是
這條街道就有六百萬的直接收益，如果再加上它可以協助市政府
做整個街道的清潔管理，協助市政府在這裡辦活動，其實還可以
省掉很多錢，所以這樣的效益我覺得算是很成功的。另外，當我
在規劃「城市光廊」咖啡廳的時候，才知道依當時的法律是不允
許在公園裡面設置咖啡廳的，這是法律的限制。但是這是件好事
呀，所以高雄市政府曾為此修訂了高雄市公園管理自治條例，並
且也新訂了高雄市公園認養及委託經營管理辦法，允許在公園裡

面賣一些簡易餐飲，然後業者也必須給市政府一些錢並且必須舉辦活動。當然這些新修（訂）的法律（規）通過以後，你可以看到很多地方包括例如像愛河等綠地都陸陸續續的這樣出來了，所以「城市光廊」可算是滿具有階段性的意義的。

再是從公民美學的角度來看，當我在做「城市光廊」的時候，我的想法是好希望在這個環境裡面能讓市民的公共道德在無意識中可以有所提昇。也許像亂丟垃圾、亂騎機車等等行為都可以改變過來。因為像當我們到了先進國家的時候，你的行為就會跟著他的環境而改變，所以我想創造一個新的空間，而在這個新的領域裡面，你可以聽到很棒的音樂，喝到很香的咖啡，然後每個人的心都會放下來，所以行為也就會跟著改變。

因此在剛完成的那一陣子，晚上我都守在那個地方。我試著不要在那邊設置禁止機車進入，所以當我看到有人騎機車進入或亂丟垃圾就會很強力的去制止他。這就是藝術家的那種道德。另外，我也不太相信他們所放的音樂，音樂要多大聲？要放什麼音樂？所以我也會去注意。還有，當看到有人在插旗子，我就一個一個拔起來，因為如果要等政府來拔那速度太慢了。反正就是那種莫名其妙直覺地拔起來。就曾有兩位立委要在這裡插旗子，我就說你們插看看，我保證你們不會選上，因為我會在旁邊寫著「一個不懂得尊重環境的人不配做立委」，所以他們就很乖的拿起來了。總之，這不只是技術面的設計的問題，這是一種後續的、持續的堅持。

而因為我在做這個事呀，所以就有人跟我說，雄女中有一群女生，她們每天都在那裡發傳單，可是我一直都沒碰過，然後在一個很偶然的晚上，她們拿傳單給我看，當然她們不知道我是誰，她說：「先生請不要亂丟垃圾。」而因為很感動，所以就跟她們相

認了，她們就很高興。然後這些群高二的三個小女生就告訴我：
她們每個禮拜六都會花錢影印傳單然後自己來發傳單，為什麼會
這樣做呢？因為以前到宜蘭、新竹等別的縣市，同學都會帶她們
去宜蘭東山河、新竹新竹之心（按，新竹市東城門廣場），可是到
高雄市她們就不知道要帶同學去那裡？（問：所以「城市光廊」
對於一個高雄市民來說是有光榮感的，是值得驕傲的！）對！我
想在四、五年前你在講高雄市的時候，那種地標性講不出來，可
是現在可能講得出來了，因為大家都很努力在推動。曾經市政府
研考會就做過一項對謝長廷市長施政滿意度的民調（高雄市民對
城市光榮度民意調查），一個是捷運全面動工，一個是垃圾不落地
（實施「強制垃圾分類」政策），一個是「城市光廊」，其中「城
市光廊」居然是這三個的第一名，其實如果仔細以經濟效益來算，
它只花了一千萬而已，可是這一千萬卻讓高雄市民有了城市的光
榮感、驕傲感，這是非常值得的。

三、請問您在推動「衛武營兩廳院」這個專案上，是否有遇到 什麼樣的困難？

衛武營這整塊地約有67公頃，可分作三個部分來談。第一部
分是在有個角落約有10公頃的地，是「特定休閒商業專用區」用
地，這將來會變成是一個高級的辦公大樓，現在正由財政部國有
財產局在進行標售中，底價約是在73億左右。而因為這整塊地是
國防部的，所以未來的標售所得87%是給國防部，13%則將用作
開發公園的經費。

另外兩廳院的部分大約佔了7公頃，是文建會在負責的。文建
會將「藝術文化中心」整體規劃開發顧問案委由日商野村總合研
究所與柳澤孝彥TAK建築研究所共同來作規劃。而依照整體規劃

開發內容指出,「藝術文化中心」的設置,定位為是國家級「南部兩廳院」,將興建國際標準的音樂廳、戲劇院、中劇場、排演空間等可因應多樣性的演出需求,來大幅縮短南北文化建設的差距。

　　至於剩下的就是都會公園的範圍,這部分的規劃是由我來負責的。但是因為「南部兩廳院」是坐落在這個公園裡面的緣故,所以我現在還沒辦法去執行這個公園的規劃,因為會有一個介面上的問題,因為「南部兩廳院」要坐落在那裡?開口要向那呢?所以要等到它都確定了以後才能來確定公園的型,所以現在雙方都還在協調中。當然現有的營房拆還是要拆的,但是可以保留一小部份留下來變成一個文化創意園區或者是一個國際藝術村,這樣除了能作一些大型的活動以外,平日也就可能可以看到街頭藝術的表演。目前我們是朝這個目標去作規劃啦,而且文建會也都很同意,因為這個概念不只是蓋了兩棟建築物,它還是溶入了整個地平面上的。所以,其實說有什麼困難?目前一切都還好啦,只是時間上的問題而已。

四、近來有關公共藝術議題,一直在報紙上都有看到,(林:例如呢?)例如像是高雄捷運公司的部份。其實文建會在今(94)年6月就出版有一整套的公共藝術系列叢書,因此我一直在思考什麼是公共藝術?重公共性抑或是重藝術性的爭議?公共藝術與藝術有什麼差異?請問您的看法如何?

　　公共藝術之所以跟藝術不一樣,是因為它的「公共」兩個字,你從英文字典裡面看「公共」,其實它除了是放在公共空間裡面的以外,它還是一個可以被討論的議題,或者是一個可以被大眾一起來看的,所以這會牽涉到民眾參與的部份。那當然,民眾的參

與不一定是說協助藝術家，也不一定是民眾一起來做。民眾很自由的表達喜歡它或者是批判它，也都是民眾參與的一種形式。而很多人總認為民眾的參與一定要是正面的，其實負面的批評也都是在建立它的公共性啊！所以一定是有正有負的。簡單的講，公共藝術並不等於在公共空間裡面設置藝術品，它是一種過程，它不是藝術家或者任何的公部門、私部門（公司）等等單純的想做就做了，它一定要有社會約束的機制，而這個社會約束的機制是必須接受民眾來的檢驗，也就是說必須處於一個可被審查的狀態。總之，公共藝術和藝術不一樣在於藝術的部份是個人的創作行為，可是公共藝術是掛在公共空間的，所以必須要受到大眾的監督。

　　因此如果用這樣的標準來看高雄捷運公司（簡稱高雄捷運）對於公共藝術的執行的話，就比較值得討論了。現在高雄捷運說這是高雄市政府的BOT案，既然委託他們了所以就不應該再去管制他們。但是事實上，政府是拿出1500億，他們才拿出30億，他們怎麼可以說自己是一個公司所以就可以單獨處理掉呢？這是絕對禁不起檢驗的！其實高雄捷運應該要了解到整個捷運的1800億造價裡面，若以文化藝術獎助條例第9條規定的建築物造價的百分之一來算應該要有18億，那為什麼會訂出只有1.8億呢？

　　當然啦！他們是說如果是公有建築物（像學校）就至少要提供百分之一，但像是總預算超過新臺幣五億元以上的公共工程就不必受限制，那如果你做到百分之一以上主管機關得予以表揚（按，高雄市辦理公共藝術自治條例第5條），因此他們認為自己是屬於公共工程啊，所以依規定就可以不受限制。但是問題來了，捷運的站體算不算是公有建築物？雖然你整個是公共工程，可是每個站體是公有建築物啊！那你訂的1.8億就不對了。所以應該要

檢討，站體是公有建築物就必須照規定來做，那路徑隧道是公共工程所以用千分之一計算我們也沒有意見。但是無論如何這都不是高雄捷運自己就可以去決定的，應該要由公共藝術審議委員會公開來討論審查才行！但是現在卻沒有。

　　還有，依照公共藝術設置辦法的規定，首先高雄捷運必須要先提出一個公共藝術設置計畫書，然後再交給公共藝術審議委員會來審議。至於徵選的方式你要怎麼做都沒有關係，是要公開徵選的、要邀請比件的、要委託創作的、還是要直接評選價購的都沒有關係（按，公共藝術設置辦法第9條），反正你就是必須提出一個計畫書給上級機關同意，你才可以去據以執行，而且怎麼做的過程還要回報。但是現在高雄捷運是自己去買自己去做，都沒有經過上述程序，所以我現在要求他們要補這個程序，高雄市的部分我不管，但是高雄縣的這九個站我一定要審，這個部份我一定要嚴格把關。總之，目前高雄捷運在做的只是「購置藝術品」並不適合稱作是「設置公共藝術」，而你既然不符合公共藝術的設置程序，那你就不要動用這筆設置公共藝術的錢。

　　（問：您討論的大多是高雄捷運的部份，那對於台北捷運的公共藝術有什麼想法？）台北捷運在一、二十年前，那幾條線還在施工的時候，當時文建會還沒有訂頒相關的法令，他們就已經有用心在執行了。但我覺得比較可惜的是，他們是把建築體蓋完了之後才將空間釋放出來，所以它幾乎都在半空中，或者是在地面上等等，其實在台灣談公共藝術不應該就只靠那建築物造價的百分之一，而且就只是擺一個東西上去而已。其實建築師應該是在一開始設計的時候就把藝術家找來，這樣才能將公共藝術比較完整地溶入。我覺得現在台灣比較可惜的是建築師美學的觀念普遍比較不夠，然後還由自己來弄一個公共藝術，其實就算是一個

藝術家那他到底是不是一個很好的公共藝術家,這都也是還需要思索的!還有,明明這裡就是很漂亮,可是為什麼就偏偏再放一個紅綠燈在那呢?這就是為什麼我要做「城市光廊」的原因。我要把一些不協調的東西都拆除,重新設計一個協調的適合的,希望能夠將藝術完全溶入空間裡面。當然唯一不能拆除的是:消防栓、變電箱,可是也都要把它圍得很漂亮呀。

五、在近來都市學的研究裡,常提到「都市書寫」的概念,請談談您的理解是什麼?還有,都市交通環境的變遷(例如像捷運的興建)是否會對都市的景觀產生重大的影響?影響有哪些?

關於「都市書寫」的概念,因為自己是比較有受到「符號學」觀念的影響,所以我比較是用一些「都市符號」去觀察這個城市的。例如我覺得我們可以透過去觀察街道兩旁的店招,或者是從建築的型式去判斷這個都市的一些文化內涵。像為什麼這個街道這種店特別多?例如婚妙街。或是這一區為什麼辦公大樓特別多?還有,例如這條街是黑手街,這就會帶來很多的觀察,比如學生的升學率可能就會比較低?其實去觀察一些街道這也算是「都市書寫」的一種!?這算是一個比較新的名詞吧!

至於談到都市交通環境的變遷,其實使用交通公具的不同,所看到的都市就會不一樣。以前去香港、新加坡或國外,你會發現他們有便捷的大眾交通工具例如像捷運以後,他們不管去那裡都靠捷運,所以路上車輛就減少了人的行動也減緩下來了。而因為你開車速度快,所以店家就沒什麼生意;而你走路速度慢,你就會停下來看櫥窗!所以這就會影響到店家、商家品質的提昇,也會影響到都市的景觀。因此你看國外到那裡都有一些精緻的

店，就是這個原因。

相反地在台灣呢？台灣的街道幾乎都把人疏忽掉了，所有街道的設計都是給汽車的，要不是街道旁邊沒有綠帶，就是綠帶旁邊沒有一個很舒適的腳踏車步道。還有，因為很多人都騎機車，所以一出門就是口罩、安全帽所以都不會漂亮。但是搭捷運就可不一樣呀！

再例如像有一次日正當中我正開車在五福路上，然後看到在斜對面的騎樓那裡有一個遊民背了很多破銅爛鐵剛好跌倒了，當時我就很猶豫很掙扎，想下去幫忙可是車子已經開得很遠了，因為開車的速度是很快速的，縱使我想下來但是後面的車子一定也會叭叭叭的。另外一次是我開車在省道上，看到一個頭髮斑白的外國老人騎著腳踏車，車上還插滿國旗，我是想跟他聊聊可是車子已經離很遠了，但是那次我有繞回去跟他聊了起來，我問他有沒有需要幫忙的？他很高興的告訴我說他其實是要騎腳踏車環遊世界，然後我就幫他寫了一封小信，大概是寫說這個老人很難得希望大家能夠協助他幫忙他。

其實像這些故事它都刺激了我去注意街路的設計，也讓我一直在想「速度」的問題，想說如何經由都市的設計來讓人的行動緩慢下來。而這也是我決定要做城市光廊的開始，我開始在想一個都市的問題，如果我們走一走就可以碰到路人、碰到你的朋友，兩個人互相很開心地寒暄一下，人與人之間不就會變得更近了。

後記

關於文化公民權的學習

鍾宜樺

更新 文化1.0版 Yes or No

「人類在歷史發展過程中創造的總成果，包括宗教、道德、藝術、科學等各方面。」這是《國語辭典》對於「文化」這2個字的解釋。而雖然我可以很完整、甚至是輕易地「背出」這個註解，並且能很從容地在考卷上將這個註解快速地「寫出來」，但這都無法稍解於我從小到大對於自己是不是真的懂得「文化」這2個字的疑惑。

總之，自己理解「文化」這2個字的解釋的know-how即是，「文化」就是無所不包的呀！反正什麼事都是「文化」啦！至於為什麼要以「人類在歷史發展過程中創造的總成果，包括宗教、道德、藝術、科學等各方面。」這樣的句子來表示「文化」呢？因為「文化」表示是很抽象很抽象的！「文化」也表示是很有學問很有學問的！甚至是很高級很高級的！所以要用「宗教、道德、藝術、科學」等各方面來做「標示」呀！

這就是我從小在學校還能擔任「小老師」、還能當個「還算認真的學姊」的「訣竅」所在。因為我只要把上面的那段know-how說出來，那麼同學們、還有我的學妹學弟們，就真的「知道」什麼是「文化」（的解釋）了！並且就更確信我是「那麼」真的懂得什麼是「文化」的！

但是，自己實在是愈長大愈心虛！因為「何謂『文化』？」這樣的學問從來就不是自己的！而「文化」之於我，就好像這套軟體從來沒有灌到我的理解與認知裡一樣；亦或者是說，雖然已經灌了，但因「硬體配備」太過低階的關係所以卻打不開。當然也有可能是，因為自己長大了，所以原來所灌的這套「對於『文化』的理解」的軟體版本太過老舊了、亦或是原來所灌的並不是完整版，所以現在必須殺掉重灌、必須更新升級！

這就是我要以「文化」作為當下學習主題的原因。

下載 文化 進站 版 Yes or No

要學習「文化」喔！現在是一個學習的時代呀！學習的資源、學習的型態很多啊！從大學的各個在職專班、空中大學的各學系課程、到社區大學、進修學分班、進修推廣教育、再到各類體驗營、工作坊、數位機會中心、系列講座等等，都可以去參與。

的確，真的有這麼多的正規、非正規的學習活動可以去投入，但問題是，「文化」這樣的學習主題到底適不適合在上述的各個學習型態裡去進行呢？還是說，在上述的各個學習型態裡去從事有關「文化」的學習，這樣的學習成效是不是能夠事半而功倍呢？

總覺得當「文化」變成是一個知識的「對象」的時候，也就是說，當「文化」變成是一張張投影片、一疊疊講義的時候，那「文化」還是不是「文化」即已非全無疑問？至少，這樣呈現型態的「文化」的純度、與成色本身就是一個值得學習者關切與警覺的問題。

更何況在「文化」成為是一門「課程」的過程之中，為了符合「是能夠教學的」的這個「可操作」的前提，那麼一連串的剪

裁、與跳躍就會變成可能是那麼地「理所當然」；同時，為了配合「授課時數」與「講授工具」的侷限，也就可能只好從寬預設學習者之「先行理解」是極大的，至於「無法言說」的部分也可能只好在忍痛割捨之列。問題是，現在談的可是有關「文化」的學習！「文化」的實質在經過這樣的萃取、提煉與濃縮之後，固然是可以標示出它的「成分」了，但是這對一個學習者來說，是不是屬於最具滋補價值的呢？

所以我選擇了一種可能是較為貼近非正式的學習型態的模式，來從事關於「文化」的學習；我投入了志願服務的行列，策劃、採訪並且完成了這本專輯。

這就是我對於如何決定學習型態的說明。

重新啟動電腦 確定 or 稍後

誠然，「學習」是自己對於這本專輯誕生的全部過程的初衷與定位，也就是說，這本專輯裡屬於自己原創而主動的部分，並不在文本的字裡行間，而是隱藏在策劃與採訪的過程之中，至於專輯的名稱與目次頁裡所呈現的系絡，則是屬於自己無從逃避的責任部分，當然值得檢討。

是的！「文化公民的12堂課」這樣的書名正是讓自己現出原形的最佳證據。因為，什麼、什麼的幾「堂課」這樣的概念，不就還是不脫一般對於正式學習型態的想像嗎？也就是說，這2個字正好讓自己必須去面對自己「擺盪」、與「進退維谷」的窘境。

原來想像中言必稱「學習」、知道要「處處反省」「時時反省」、甚至質疑「文化」適不適合做成一份「教材」的自己，其實僵固守舊的幽靈是一直未曾遠離自己的，它還不時地伺機發作呢！

　　而「相對於全球的視野與橫亙古今的歷史縱深來說，自己實在是這樣渺小而微不足道的，所以囉！在過渡到後現代終身學習的轉型過程中，總有首鼠兩端的現象嘛！只要切記時時自我惕勵迎頭趕上就好了呀！」則是給自己療傷的一句話！

　　這就是我對於自己學習成就的反省。

誌 謝

　　學習無涯，在人生的某個階段能夠有些許的體悟，這都是得助於貴人賜福的結果，自要誠摯感謝。

　　謝謝12位老師們（王志弘、王秋絨、李俊賢、余舜德、林正儀、林燨俊、夏學理、陳大為、陳儒修、黃明月、楊子葆、廖志堅）的撥冗接受專訪，由於您們的熱忱與貢獻，使得本書得以順利出版；謝謝李永然理事長與胡志強市長的推介鼓勵；謝謝中國人權協會（人權會訊編輯委員會）多位老師們的「牽成」與厚愛，使我有機會能將學習的觸角更加延伸。

　　當然也要由衷的感謝譚經理、周副理、莊副理、鄭課長及每天陪伴我的各位夥伴們，是您們的包容、照顧與疼惜提攜，讓我深刻感受到捷運這個大家庭裡的「愛」是如此的綿密與豐厚。

　　謝謝秀威出版社的費心編校，謝謝家人所給予的一切。再次誠摯感謝所有師長的鼓勵與幫忙，無盡的感激永存我心。

國家圖書館出版品預行編目

文化進站：文化公民的十二堂課 /
　鍾宜樺策劃．採訪．-- 一版.
臺北市：秀威資訊科技，2005[民 94]
　面；　　公分. -- 參考書目：面
ISBN 978-986-7263-94-0 (平裝)
1. 文化
2. 平民

541.29　　　　　　　　　　　　　94023190

 社會科學類　PF0012

文化進站──文化公民的 12 堂課

作　　者 / 鍾宜樺
發 行 人 / 宋政坤
執行編輯 / 李坤城
圖文排版 / 黃永達
封面設計 / 莊芯媚
數位轉譯 / 徐真玉　沈裕閔
圖書銷售 / 林怡君
網路服務 / 徐國晉
出版印製 / 秀威資訊科技股份有限公司
　　　　　台北市內湖區瑞光路 583 巷 25 號 1 樓
　　　　　電話：02-2657-9211　　傳真：02-2657-9106
　　　　　E-mail：service@showwe.com.tw
經 銷 商 / 紅螞蟻圖書有限公司
　　　　　台北市內湖區舊宗路二段 121 巷 28、32 號 4 樓
　　　　　電話：02-2795-3656　　傳真：02-2795-4100
　　　　　http://www.e-redant.com

2006 年 7 月 BOD 再刷
定價：210 元

讀　者　回　函　卡

感謝您購買本書，為提升服務品質，煩請填寫以下問卷，收到您的寶貴意見後，我們會仔細收藏記錄並回贈紀念品，謝謝！

1.您購買的書名：＿＿＿＿＿＿＿＿＿＿＿＿＿＿＿＿＿

2.您從何得知本書的消息？

　　□網路書店　　□部落格　　□資料庫搜尋　　□書訊　　□電子報　　□書店

　　□平面媒體　　□　朋友推薦　　□網站推薦　□其他＿＿＿＿＿＿

3.您對本書的評價：(請填代號　1.非常滿意 2.滿意 3.尚可 4.再改進)

　　封面設計＿＿　　版面編排＿＿　　內容＿＿　　文/譯筆＿＿　　價格＿＿

4.讀完書後您覺得：

　　□很有收獲　　□有收獲　　□收獲不多　　□沒收獲

5.您會推薦本書給朋友嗎？

　　□會　　□不會，為什麼？＿＿＿＿＿＿＿＿＿＿＿＿＿＿＿＿＿

6.其他寶貴的意見：＿＿＿＿＿＿＿＿＿＿＿＿＿＿＿＿＿

＿＿＿＿＿＿＿＿＿＿＿＿＿＿＿＿＿＿＿＿＿＿＿＿＿＿＿

＿＿＿＿＿＿＿＿＿＿＿＿＿＿＿＿＿＿＿＿＿＿＿＿＿＿＿

＿＿＿＿＿＿＿＿＿＿＿＿＿＿＿＿＿＿＿＿＿＿＿＿＿＿＿

讀者基本資料

姓名：＿＿＿＿＿＿＿＿＿＿　年齡：＿＿＿　性別：□女　□男

聯絡電話：＿＿＿＿＿＿＿＿　E-mail：＿＿＿＿＿＿＿＿＿＿

地址：＿＿＿＿＿＿＿＿＿＿＿＿＿＿＿＿＿＿＿＿＿＿＿＿

學歷：□高中(含)以下　　□高中　　□專科學校　　□大學

　　　□研究所(含)以上 □其他＿＿＿＿＿＿＿＿

職業：□製造業 □金融業 □資訊業 □軍警 □傳播業 □自由業

　　　□服務業 □公務員 □教職　□學生 □其他＿＿＿＿＿

To：114

　　台北市內湖區瑞光路 583 巷 25 號 1 樓

　　秀威資訊科技股份有限公司　　　收

寄件人姓名：

寄件人地址：□□□

秀威與 BOD

BOD（Books On Demand）是數位出版的大趨勢，秀威資訊率先運用 POD 數位印刷設備來生產書籍，並提供作者全程數位出版服務，致使書籍產銷零庫存，知識傳承不絕版，目前已開闢以下書系：

一、BOD 學術著作—專業論述的閱讀延伸
二、BOD 個人著作—分享生命的心路歷程
三、BOD 旅遊著作—個人深度旅遊文學創作
四、BOD 大陸學者—大陸專業學者學術出版
五、POD 獨家經銷—數位產製的代發行書籍

BOD 秀威網路書店：www.showwe.com.tw
政府出版品網路書店：www.govbooks.com.tw

　　永不絕版的故事・自己寫・永不休止的音符・自己唱